陈履生

博物馆之美

陈履生 著

广西师范大学出版社
·桂林·

博物馆之美
BOWUGUAN ZHI MEI

图书在版编目（CIP）数据

博物馆之美 / 陈履生著. —桂林：广西师范大学出版社，2020.2（2025.7 重印）
ISBN 978-7-5598-2247-5

Ⅰ．①博… Ⅱ．①陈… Ⅲ．①博物馆－世界－通俗读物 Ⅳ．①G269.1-49

中国版本图书馆 CIP 数据核字（2019）第 225293 号

广西师范大学出版社出版发行
（广西桂林市五里店路 9 号　邮政编码：541004）
　网址：http://www.bbtpress.com
出版人：黄轩庄
全国新华书店经销
广西昭泰子隆彩印有限责任公司印刷
（南宁市友爱南路 39 号　邮政编码：530000）
开本：889 mm × 1 194 mm　1/32
印张：11.625　　　　字数：230 千字
2020 年 2 月第 1 版　2025 年 7 月第 7 次印刷
定价：78.00 元

如发现印装质量问题，影响阅读，请与出版社发行部门联系调换。

目录 / Contents

001 / 序

博物馆与博物馆学

002 / 博物馆与文化传承

008 / 博物馆学与中国特色

018 / 中国文博业的机遇与挑战

022 / 历史与艺术并重
　　　——中国国家博物馆的新航程

026 / 只有国家强大才有博物馆的强大
　　　——以埃及国家博物馆为例

031 / 密尔沃基艺术博物馆与城市振兴

036 / 世界文化遗产的优雅重生

042 / "国宝"之殇

059 / 追讨海外流失文物的自信

博物馆之美

070 ／我理想中的博物馆

078 ／要美术馆干什么？

086 ／美在博物馆

107 ／博物馆的建筑之美

140 ／迪美博物馆的光影之美

144 ／雕刻之森美术馆

150 ／美秀之美

154 ／"小而专"的城市博物馆

160 ／工业遗产专题博物馆

博物馆之收藏

168 ／国家收藏与文化共享

173 ／国家收藏的价值观瓶颈

177 ／博物馆的"镇馆之宝"

186 ／建立国家级"被盗文物登记系统"

191 ／艺术品收藏的知与行

博物馆之展览

214 ／博物馆因展览而精彩

221 ／关于策展

227 / 博物馆奇妙夜

243 / 难以忘怀的 V&A 歌剧展

255 / 威尼斯双年展

262 / "罗丹雕塑回顾展"诞生记

280 / 让文物"活起来"

286 / 博物馆角落里"无尽的盛宴"

290 / 博物馆的展品说明牌

296 / 兵马俑的手指与博物馆的安全

博物馆之教育

302 / 在芝加哥艺术博物馆邂逅安娜

306 / 在菲尔德自然历史博物馆遇见玛丽

博物馆之运营

310 / 博物馆的运营之道

322 / 博物馆的衍生品

334 / 私立博物馆在中国

341 / 大学博物馆的缺失

350 / 再说在博物馆、美术馆拍照

序

陈履生

  我自学习艺术和从事艺术工作之后,就一直不断地看展览,一直在博物馆、美术馆中进进出出。但是,初始并没有想到以后会从事博物馆的工作,也没有想到策展和自己的关联。

  回想当年和面对如今,真是有很大的差异和变化,岁月经常在不经意间扭转人的发展路向。从 20 世纪 70 年代开始,为了学习艺术,我开始在美术馆中获得知识,特别是于此中学到了一些绘画方面的基本知识。去美术馆看展览成了学习的部分,往往是身不由己。后来,我考入南京艺术学院之后,不仅多次到南京博物院、江苏省美术馆参观,像进课堂一样自觉,而且在参观中学习和进步。当年因为看了老校长刘海粟先生在江苏省美术馆的画展而写的一篇观后感,发表在《艺苑》(南京艺术学院学报)上,这件事成了我转读美术史论专业的动因之一。1981 年,我到北京参观故宫博物院、历史博物馆等,在博物馆中看到了历史的意义以及历史的诱惑力,从而坚定了转向美术史论专业的决心。

久而久之，我对美术馆、博物馆产生了依赖，每到一地都会到美术馆、博物馆中去看看，了解当地的艺术发展以及历史人文。从20世纪80年代末期以后，我逐渐由一位展览的参观者成为展览的参与者，相继策划过一些展览，也为一些展览跑前跑后。2004年我调到中国美术馆工作，对美术馆、博物馆的关注和考察日益增多，在专业层面上的认识也在提高，重要的是对博物馆与公众的关系、博物馆的社会责任、博物馆的知识生产等，都在专业实践中形成了个人的思考。当然，就工作层面而论，重要的是要做出好的展览，让公众和专家满意。

在美术馆和博物馆的发展过程中，美术馆与博物馆和城市之间的联系日益紧密，成为城市中公众的文化依赖以及公众休闲的一个特别的去向。进入21世纪之后，中国的博物馆事业得到了长足发展，我们也可以经常走出国门参观国外的博物馆，不管是工作之便，还是休闲之游，都有可能在国外的博物馆中学习到新的东西。中国的博物馆事业起步较晚，只有100多年的历史，相较开创了博物馆历史的西方发达国家，不管是规模，还是数量、类别等，我们都还有很大的差距。缩短差距是我们这一代人的责任。

今天，我们又面临一个新的问题，就是人民对美好生活的追求在一定程度上反映到对博物馆的需求之中，而我们的美术馆和博物馆应该给观众什么？人们去博物馆参观又能获得什么？我一方面在博物馆努力做好专业工作，另一方面不断参观博物馆，努力把自己的所见分享给他人。因此，走进博物馆既是我的工作，也是为了与公众分享。博物馆、美术馆成了我生命的一部分。我调到国家博物馆工作之后，肩负起中国博物馆事业发展的责任，这就需要投入更大的热情。对于从事博物馆工作的人来说，热情非常重要。有了这份热情，不仅能做好工作，而且能持之久远。有了这份热情，即使是从单位退休之后，我依然能以一份责任感，依然像义工那样持之以恒，把专业向前推进。这就是从 2016 年以来已经不在专业岗位而持续专业工作的我——本书就是不断工作和学习的一个成果。

我的内心充满感恩。因为我能在 40 年的时间里收藏自己的所好，并形成具有特色的专业收藏，同时，还能够以博物馆的方式与公众分享。对我来说，建立一个属于自己的油灯博物馆，也是在博物馆建设与管理方面的具体实践。客观来说，体制内的博物馆有自身的优势，但也有局限，尤其是在管理上有很多不便。所以，体制外的实践就很重要，可以自由地想我之所想，做我之所做。我还感恩如今每年依然能够在国外的不同博物馆中寻找不同的专业方向，让自己的认识能够继续提升。

我常年游走于大小博物馆之间，迄今已经相继考察过世界各大洲的 370 余家博物馆，国内的大小博物馆也看了很多。渐渐的，过去我所关注的艺术博物馆已经不能满足我的要求，也不能满足中国博物馆事业发展的要求，我们需要有更多不同专业的博物馆，上至天文下至地理，更不用说人文历史。博物馆世界的奇妙正是以其丰富性而展开为一部人类的百科全书，通过它我们能够了解世界历史，能够看到文化的衍变和艺术的发展，能够看到伟大的创造和杰出的人物。因此，以物证史成为博物馆一种特别的语言和表达方式。到博物馆看展览，看展品，考察博物馆的历史与发展，就成为我在专业上的努力方向。并不是每一位在博物馆工作的人都有这样的责任和热情，也并不是每一位在博物馆工作的人都有这样的专业知识和认识。

博物馆知识的累积需要才情，也需要长年累月的研究实践。在世界博物馆的发展过程中，基于各个国家不同的社会制度以及文化传统，博物馆如何呈现历史和文化，一个国家或一座城市应该建造什么样的博物馆，还是存在着不同的差异。今天，我们更重视文化遗产和文化传承，也比任何一个时代更贴近时代的需求。那么，今天的博物馆如何与文化遗产发生关联？博物馆如何更好地阐释文化遗产，展示文化遗产的魅力？这些问题，实际上也为博物馆的发展提出了新的课题。就专业而论，博物馆是一个非常复杂的领域，它的丰富性牵涉很多方面，大到博物馆的规划和建设、展览的策划，小到一个标签和护栏等，博物馆的空间以其丰富性建构起与公众之间的联系。博物馆服务于公众的社会责任能够在诸多的专业工作中表现出来。基于此，博物馆的每一个细节都有可能反映出对社会的责任和对公众的情感。

对于博物馆来说，公众是其中的一个部分。博物馆不可能缺少公众的热情和支持，公众是博物馆的上帝。博物馆与公众的关系是最为直接的，也最为重要。现在很多新建的博物馆让公众能够看到库房，看到工作人员如何修复文物；在展厅中，又努力拉近公众与展品的距离，比如，让盲人触摸展品。这也为博物馆提出了更多的服务要求。

博物馆的丰富性、多样性和差异性，正构成一种新的文化业态和消费方式。在这个新时代中，博物馆正越来越受到社会的关注，各类博物馆越来越多，博物馆也呈现出门庭若市的景象。这也能说明博物馆在21世纪社会发展中的重要性。

感谢广西师范大学出版社能够出版拙著，将我的一些碎片化的认知聚合到博物馆的专业之中，也使我关于博物馆的认知有了与公众分享的机会。

2019年10月24日于北京

博物馆与博物馆学

博物馆与文化传承

中国国家博物馆在民国时期的国立历史博物馆和新中国时期的革命博物馆、历史博物馆的基础上，走过了百年的发展历程。中国国家博物馆的历史见证了中国社会的发展、变革、进步、复兴。百年之前，在辛亥革命的第二年，中华民国政府援引西方的博物馆制度，将博物学带进了公共文化领域，建立了典藏文明成果的制度，让公众分享几千年中华文化发展的成果，从而在公众领域建立起与世界并行发展的文化格局。

中国的博物馆历史从无到有，从国子监到故宫的午门和端门之间，再到天安门广场，显现了国家体制与文化的时代走向。中国国家博物馆不同于世界上绝大多数国家博物馆的地方，不仅在于它是国家文化的窗口和对公众进行教育的阵地，而且在于它处在国家政治中心所在的特殊位置之上，因此，显现出了文化的尊崇。

20世纪后期，全世界博物馆都面临着调整、转型和大发展，中国乃至世界范围之内都在进行一些重要场馆的建设。中国国家博物馆以近20万平方米的建筑面积成为世界第一大馆，综合实力也跻身世界大馆行列。面对如此规模的国家文化殿堂，史无前例的挑战是多方面的，其中既有和世界各国博物馆所面对的共同挑战，又有它与当代中国社会相关联的特殊的问题。因为中国国家博物馆处于天安门广场区域内，其展览、收藏、公共教育、学术研究、对外交流等专业功能，以及安保、服务等各个方面的职能都面临巨大的考验。场馆面积增大，功能扩展，尤其是免费开放之后观众的数量大幅度增加，接待工作就是一个很严峻的问题。毫不讳言，普通观众的素养反映了整体国民的素质，博物馆的整体水平也反映了国家文化的大致状况。

中国国家博物馆虽然建馆已100周年了，但与世界上很多国家的博物馆相比还算年轻，像大英博物馆有约260年的历史，俄罗斯艾尔米塔奇博物馆建馆近250年，法国卢浮宫博物馆则建馆约220年，美国大都会艺术博物馆建馆也有140年了。在这100年的历史中，中国国家博物馆还经历了20世纪前期的抗战等，实际上，直到中华人民共和国成立以后，中国的博物馆事业才真正起步，到1959年才开始有了新建的博物馆单体建筑。博物馆对于国家文化的重要性这一基本认识，是从改革开放以后才逐渐建立起来的，而建立一个强大的国家博物馆的文化自信，则以2003年组建中国国家博物馆为标志。由此来看，我们的博物馆历史和发展历程非常有限，当下的发展速度却是突飞猛进的。

一个世界著名的博物馆如果没有公众的参与和支持，很难真正称为"著名"。当馆内的观众和馆外游览天安门的游客形成内外呼应的时候，可以看到博物馆这一公共文化设施的力量，这就是文化的力量，这种文化的力量也彰显了博物馆的社会影响。因为我们有了这样一个宏大的场馆，才有可能吸引中国乃至世界的观众；我们有了世界一流的硬件条件，才有可能吸引像达·芬奇、米开朗基罗、拉斐尔等文艺复兴大师的作品走进中国国家博物馆，中国的公众才得以不出国门而大开眼界。

博物馆在一个国家文化发展中的重要性是无法替代的，博物馆所承担的社会责任以及在推广国家文化方面所特有的力量也是超乎寻常的。基于国家的强盛，中国国家博物馆在世界上有着与国家话语权相应的文化话语权，因此，在专业方面也传达出了与国际博物馆界在交流合作方面的自信。尽管国家博物馆有140多万件藏品，这是立馆的基础，可是，与世界上一些大馆相比还有差距，尤其是缺少国外的藏品。因为被侵略、被掠夺的经历，国家博物馆不可能有西方的文物，但西方却有我国的文物。为了解决这个问题，我们加快了国际合作的步伐，让更多外国的经典艺术品、历史文物能够到中国来展出，让中国的公众不出国门就能够了解世界文化。引进展览需要巨额的资金来保证，虽然国家加大了对博物馆和公共文化事业的投入，使之有了基本的保证，但仍有不足。博物馆运行国际间交流的展览、借展、保险、运输、搭建、推广以及后期维护都需要很多资金投入，而展览之中的安保、温湿度控制等亦如此。国家博物馆场馆面积巨大、功能服务众多、技术要求很高，这些都是过去所没有遇到的挑战。

英国曾有人说，博物馆如今已经取代了教堂在社会中的地位，参观博物馆成为绝大多数人一生中最重要的文化体验。事实上在英国，博物馆也被视为重要的教育机构之一，参观博物馆历来是英国中小学教育的一个重要环节。如今中国也是如此。博物馆必须做好"从孩子抓起"的推广工作，让孩子来博物馆接受五千年文明的教育，看到五千年文明所创造的丰富的智慧，从而留下深刻的记忆，这样他会来第二次，或者会把博物馆作为终身的课堂。可能十几年后他会对朋友说，十几年前就来过国家博物馆，看到这件文物放在这里，现在还在这里。当人们像叙述历史故事一样讲十几、二十年前的观感，甚至是向他的孙辈叙述这些过往的时候，文化的传承就显现出了博物馆的独特魅力之所在。

2012 年 8 月 17 日

1918年的国立历史博物馆

1918年之后国立历史博物馆在午门城楼的展厅

中国国家博物馆

2015年8月12日16点29分的中国国家博物馆中央大厅

博物馆学与中国特色

博物馆学作为一个专业，在国外很多大学开设，并有关联的专业课程。中国的复旦大学等也有博物馆专业了。通常是把它放在文物考古或艺术管理院系中，还有放在历史学院、文博学院里的。中国的博物馆专业的基础理论来自西方的博物馆学，虽然能够涵盖博物馆历史和发展中的若干专业问题，但博物馆是千差万别的，尤其是在不同的国家，博物馆的体制、运营都不尽相同。中国的博物馆问题尤其特别，基于体制的原因，中国的博物馆更具有中国特色。

在博物馆管理上，这几年我反复提起建立中国自己的博物馆学的问题，我现在招了博物馆学的博士，希望基于此做一些专门研究。自1912年到2019年，中国的公立博物馆走过了107年的历史。在这个历史发展过程中，早期基于西方博物馆的基本方式，是拷贝过来的，是从无到有的。这个过程也是基于教育和社会的发展，特别是基于新文化运动这样一个特别的历史发展时期，是我们的前辈，包括康有为、蔡元培等前贤，从中国的现实出发，从推动教育以及对于社会发展的影响等方面，提出建立中国的博物馆。

2010年11月7日,"国际博物馆协会第22届大会暨第25届全体大会"在上海举行

    关于博物馆学研究以及博物馆的实际运作,我们是在不断实践的过程中渐渐有了自己的经验,找到了一些符合中国实际的规律。中华人民共和国建立之后,更大规模地发展博物馆事业。在这个时期,博物馆宣教功能的强化,很大程度上来自苏联的经验,苏联博物馆宣教功能的植入,改变了我们原来运营博物馆的方式,我们在博物馆展览中更多强化阶级斗争,强化为政治服务,在此基础上用奴隶社会、封建社会这样历史发展的分期方法,用相关的文物来阐释这样一个历史过程。

    到了20世纪80年代,改革开放之后的视野更加宽阔,看到了西方发达国家博物馆发展的成就以及他们的经验,我们开始吸收西方博物馆的管理方法,有了一些专门的杂志翻译西方博物馆的理论研究及个案研究等,获得了西方博物馆学方面的知识。当我们回头看中国博物馆的时候，管理中很多方面与西方博物馆学的知识和理论是不一致的，这就提出了中国特色的问题。中国特色的问题也是基于现阶段中国很多具体的问题而提出的，我们难以全面接受西方博物馆学的全部内容。我们要加以改造，必须融入中国经验以及中国国情来开创中国的博物馆学。

现在大学里开设的博物馆课程在一定程度上和博物馆的中国特色是脱节的，因为大学里所教的基本是西方博物馆学的内容。我想有待时日，博物馆发展得更完善，博物馆学的中国特色更鲜明，更系统化，尤其基础理论的系统化会带动整个博物馆学的建立，这需要一个过程。

博物馆学的中国特色，其一是基于中国的社会体制而建立的。其二是由体制决定的经济来源。国有博物馆的经费是由国家统一负责的，这一点与西方国家不太一样。西方国家全额拨款的博物馆并不多见，像荷兰国家博物馆在20世纪70年代就开始了私有化改造，国家基本上不管。法国的很多国有博物馆，国家只给三分之一经费，罗丹博物馆甚至是没有国家经费的。在美国，绝大多数博物馆不属于国有的史密森学会，也就是说，没有国家的经费支持。史密森学会旗下的国有性质的博物馆也并不是全额拨款的。因此，很多博物馆馆长主要的使命是筹集经费，他可能并不关注具体藏品的征集，也不关心具体某一个展览，而是游说在商贾之间。其三，中国博物馆管理的行政化问题比较突出。博物馆的馆长有些来自党政部门，有些来自考古机构，大到经费安排、人员进出，小到展览策划、藏

新西兰国家博物馆馆长（中）是从美国招聘来的，2012年9月在新西兰惠灵顿设宴招待中国国家博物馆代表团

品征集、教育组织、宣传推广等，事无巨细都得管。西方很多博物馆的馆长不管那么多。其四，基于这种体制有很多问题。我们在藏品的征集方面，因为依赖于政府投入，规划性比较强，有年度经费的预算，如果一年收藏经费是1000万元，是很难突破的；如果年度经费是500万元，突然有一个很重要的藏品需要1000万元，但只有500万元，只能望洋兴叹，这就是所谓的"巧妇难为无米之炊"。西方博物馆也有大致的年度经费预算，但灵活性比较强，因为它一般是由基金会支持，遇到重大事情会通过基金会筹资来获得藏品。同样的原因，我们年度的展览经费也有预算，没有预算，展览就办不成；预算也难以突破。西方国家的展览策划时间比较长，三年五年、十年八年都有，但中国的展览一般是按年度计划的，策划和展览时间都短，也跟年度经费有关系，今年的预算，今年得做完。

策划时间和展览时间与展览的品质有着必然的关联，我们的效率更高，西方国家效率偏低；但是，他们的规划性强，前期准备的时间长，这也是一个不同。

在人力资源上面，中国的特色是博物馆馆长由相应层级的政府任命，国外的博物馆馆长大多数是由基金会任命的。国外博物馆的馆长是国际化的，可以全球招聘。中国是区域性的，一般来说，在省级博物馆中，比如天津的博物馆很难聘上海的博物馆人来做馆长，上海的博物馆也很难聘天津的博物馆人来做馆长。国外的情况不同，英国的 V&A 上一任馆长马丁先生就是全球招聘的，从德国来的。马丁曾经负责与国博合作"启蒙的艺术"展览，他之前在德国的馆长位置上比较稳当，可是，与 V&A 相比，人往高处走。所以西方国家的博物馆馆长流动性较大。另一方面，美国馆长的工资比英国馆长的工资高，美国博物馆的中层也比英国中层的工资高，所以，有人愿意去美国。也有人愿意去大英博物馆，虽然大英博物馆的工资低，但是愿意到那里工作。人员的流动与工资有关系，但也可能更多的是由兴趣爱好等因素决定。比如有人就愿意在大英博物馆、波士顿美术馆工作，或者有人原来在史密森学会旗下的博物馆工作，却愿意到私立博物馆去。一个人原来是一个部门的研究员，可是一家小馆空缺一位主任，他可能会到那里去做主任，从而在管理方面有所作为，哪怕馆小一点也无所谓。这与人员的发展规划有关系，这种人员流动是基于需求，基于可能性，而不是基于体制。比如国内某省级博物馆一位很有能力的专业人才想到上海博物馆工作，首先要有上海户口，可能还要有体制内的人事关系，这是一道很难逾越的坎。在人事方面，是国家层面上的招聘，还是制度内的流动，还是其他因素，很复杂。比如湖北荆州博物馆的人员想到湖北省博物馆工作，这是调动，要看有没有武汉户口，看人事关系和人脉，看级别，等等。馆长是处级的，而你是副科级的，就不能到处级的博物馆做馆长，除非得到提拔。人事部门要看级别，这就是中国特色。

国外博物馆的工作人员在国际上的流动性比较大，中国博物馆的管理者流动性很小，不能说没有，但小到几乎是个案，因为我们很少有人在这个馆工作，自己想调到那个馆，且是通过招聘的方式来实现的。博物馆没有形成一种用招聘的方式来解决人才流动问题

2017年5月18日，在油灯博物馆（常州）开馆仪式上，与列支敦士登国家博物馆馆长签署两馆合作协议

2018年9月9日,作者与上海龙美术馆馆长王薇、画家沈嘉蔚在"为我们伟大祖国站岗"展览上合影

的机制,比如说这个单位要招聘学术部主任、研究部主任,或者是要招收藏部主任,往往是在本馆遴选。收藏部正主任退休了,副主任接替,或者是在部门里面换一个,不存在全中国招聘一个收藏部主任的情况。馆长也是这样,馆长退休了,不可能招聘一个新馆长,而是由上级主管的行政部门来任命。这种中国特色会影响整个博物馆的运营和管理,以及博物馆的面貌。而在大多数基层单位,存在着事业编制与临时聘用的人事关系,基层干部的任用往往是在事业编的人员中提拔,临时聘用人员就不可能获得升迁的机会,这在一定程度上影响到人才的发现和利用。

这对上层的决策来说可能基于很多方面的考虑，如财政预算、人事管理、干部管理等，因为博物馆管理体制和政府运作的体制是关联的，所以，不可能局部改变。因此，面对中国博物馆界的现实问题，对于每个人来说，只能是积极努力，小步慢行。

本文根据2018年接受《环球时报》记者采访整理而成。

↑ 2011年4月2日,"启蒙之对话"论坛在中国国家博物馆举办,图为德国三大馆的馆长与中国国家博物馆、中国美术馆、上海美术馆的馆长
↑ 2012年7月11日,中国国家博物馆为纪念建馆100周年,举办了中外博物馆馆长论坛

↑ 2013年1月31日,美国大都会艺术博物馆馆长托马斯·坎贝尔(Thomas P. Campbell)出席在中国国家博物馆举办的"道法自然——大都会艺术博物馆藏精品展"开幕式。2017年3月1日,坎贝尔因财政赤字4千万美元宣布辞职
↑ 2014年9月19日,作者与法国尼斯亚洲博物馆馆长合影。他从该馆建馆到现在一直担任馆长

中国文博业的机遇与挑战

每一个时代都有属于那个时代的机遇,进入 21 世纪的中国,崛起之后的强盛表现在各个方面。文化强国梦已经成为社会共识,成为全体中国人的期待。在强大国家的支撑下,以博物馆为代表的中国文博事业得到了前所未有的大发展、大繁荣,充分证明了只有国家强大,才有国家文化的强大;只有博物馆强大,才有国家文化的强大。

很长时间以来,我们用于公共文化服务的场馆建设滞后,基础设施不足,举国上下没有几家像样的博物馆。因为"十二五"规划之前全国文化事业经费只占国家财政总支出的 0.4%,具体来看,"十五"投入 2569.6 亿元,"十一五"投入 5615.14 亿元,"十二五"投入 12474.21 亿元。在中央对地方文化工程补助资金方面,"十五"扶持 8.11 亿元,"十一五"扶持 100.23 亿元,"十二五"扶持 222.48 亿元。可见"十二五"期间用于文化建设的资金投入大幅度增加,保证了文化基础设施的建设,因此,博物馆、美术馆在许多省市成为标准配置。"十二五"规划期间基本上完成了省级博物馆的新建和改扩建。文化部明确"十二五"财政投入的八大重点之一为"实施公共文化设施建设规划",重点实施了《全国地市级公共文化设施建设规划》《国家"十二五"时期文化和自然遗产保护设施建设规划》,在此期间新建的场馆规模应该在世界各国名列前茅。

国家收藏继续扩大,地下文物成为国家收藏的基本构成,数量之多、范围之广,难以计数。作为2015年考古发掘重要成果的西汉海昏侯墓,不计其数的出土文物构成一座海昏侯墓博物馆的基本收藏。这种以地下出土文物构成的国家收藏,在法律层面上具有专属国家的特性,而且保证了国家收藏不断增加,与之相应的博物馆应运而生。全国性的可移动文物普查,摸清了家底,文物数量也有了较大的提高。另一方面,购藏也在国家财政的支持下逐年增加,国家重金回购海外流失文物在各方的积极支持和配合下成为常态,重要的流失文物通过拍卖而不断从海外回流也形成新的态势。

公共文化服务得到了史无前例的重视,公众分享到了文化成果。从2008年博物馆免费开放以来,2011年至2014年累计安排资金80亿元。2013年,全国博物馆参观人数达7.47亿人次,比2012年增加0.76亿人次,增长11.33%。2014年共支持1815个地方博物馆、纪念馆,以及1005个市级和5542个县级美术馆、公共图书馆和文化馆,34706个乡镇文化站面向社会免费开放,并提供基本公共文化服务。显然,在政府政策刺激下,公众积极参与的热情,以及对博物馆日益加强的文化依赖感,是中国文博事业发展的最大机遇。

在水涨船高的社会发展中,社会上各种经济成分、经济力量加入博物馆的建设之中，其中民营经济成为一股特别的力量。民营与公立的相互辉映和相互砥砺，使中国的博物馆事业呈现出多样化的局面。2016年2月，在国务院常务会议上，李克强总理提出："对社会力量自愿投入资金保护、修缮市县级不可移动文物的，可依法依规在不改变所有权的前提下，给予一定期限的使用权。"这种制度上的保障促进民间资金运用到文博事业上。目前，中国存在数量巨大的私人收藏人群，收藏进入全面阶段，不仅在基础层面上加强了尊重中国传统文化的社会共识，各种专题收藏也形成特色，与国家收藏互补，表现出了民间收藏的优势。

与各种机遇并存的是挑战。首先是起点提高了，国际社会的评价标准再也不是十年、二十年前的，而是在国际视野的考量中观察现有的水平。因此，我们在发展当代中国文博事业时需要提高眼界，要用一流的专业水平来考量自己的专业状态。事实上，我们还存在很多问题。

体制与发展的矛盾。我们有体制的优越性，也有体制的局限性，需要尝试在享受优越性的同时，突破局限性的障碍。同时，要用创新的精神来化解发展中的问题。

经费仍然是个问题。全世界博物馆不管规模大小都存在着经费问题，因为博物馆是用钱来作为动力的，没有钱是万万不能的。

博物馆的布局需要规划，需要从宏观上解决同质化的问题。不能在大同小异的格局中表现出你有我也有，需要在特色上下功夫，尽最大可能去展现收藏的特色。

博物馆的管理有待加强。博物馆管理具有较强的综合性，收藏、展示、研究、教育、交流等都处在同样的高层面上，才有可能成为世界一流博物馆。

完善博物馆职能，加强公共服务。营造"博物馆城市客厅"的文化氛围，用优质的文化产品服务公众，在教育之外延展休闲功能。

相当一部分民营博物馆所带来的新的社会问题以及对博物馆价值观的颠覆，造成了博物馆公信力的下降。这一新的挑战，改变了诸如藏品与公众等专业层面的问题导向，带来了更为严重的社会问题。

显然，机遇是人创造的，而挑战更需要人去面对。当代中国文博事业在展览策划、学术研究、公共教育、文物修复、对外交流等许多方面都需要高素质人才，应该从教育入手，培养适应博物馆发展需要的各方面专才，以应对博物馆发展中的各种挑战，为创建一批世界一流博物馆而努力。

2016 年 8 月 5 日

历史与艺术并重

——中国国家博物馆的新航程

由中国历史博物馆和中国革命博物馆合并重组而成的中国国家博物馆，在历时近四年的改扩建工程之后，自"复兴之路"长期陈列于2011年3月1日复展和"馆藏现代经典美术作品展"于同年3月24日开幕以来，展览一个接一个相继展出，接受社会的检验，引起了社会和公众的广泛关注。新国博除建筑的恢宏外，"历史与艺术并重"的发展定位也成为社会和公众关注的一个焦点。

毋庸讳言，国博原来属于历史类的博物馆，在过去既表现出了它的鲜明特色，也有着它的局限性。因此，国博自2003年成立以后，仅靠原有的通史陈列是远远不够的，特别是建筑的体量扩大了三倍，势必要找到一个不同于以往的突破口，使它在传承原有传统的基础上，既做好历史类的收藏、展览和研究等工作，又按照国际上大型博物馆的发展方向，将艺术的收藏、展览和研究工作提升到与历史相并行的平台上。因此，"历史与艺术并重"的发展定位成为新国博发展的突破口，这将使新国博的新空间在历史与艺术的交叉中相互辉映，让新国博焕发出时代的神采。显然，作为世界第一大馆，它已经不可能将自己的业务局限在某一个方面，只有通过自身综合性，拓展业务的领域，才有可能服务于公众的多样化需求，才能与大国的地位相衬，才能与大馆的地位相衬。在当代特定的社会现实中，国博提出"历史与艺术并重"的发展定位，表现出在历史发展过程中选择未来的智慧。

从另一方面来考虑，国博馆藏的所有历史文物中，绝大多数都包含着丰富的艺术信息，其中有许多就是纯粹的艺术品。比如著名的后母戊鼎，既反映了商代社会所特有的威权，又代表着青铜器艺术的最高成就，其最具时代特征的饕餮纹所表现出来的狰狞之美，除威严的历史表述外，其所传达出的艺术力量，使它成为中国艺术史的代表之一。又如明代的《抗倭图卷》，它不但反映了明代抗倭的历史事件，是表现历史或者记录历史的图像，而且是明代绘画史上的重要代表作，是我们研究明代史诗绘画的一件不可多得的重要资料。可以说，历史与艺术在我们的文明史中一直是互相依存的，我们难以割裂历史文物与艺术的关系，我们也难以去除属于历史文物的艺术品中蕴含的信息。因此，很多艺术品都是佐证历史的重要实物。如此看来，国博馆藏的106万件藏品，不仅是研究中国文明史的重要资料，而且是研究中国艺术史的重要资料。所以，在历史与艺术并行发展的、超过五千年的中国文明史中，历史和艺术是不能分离的。

在国博百年发展中，基于不同历史时期的发展要求，博物馆所表现出来的社会属性决定了博物馆的定位。成立之初的"国立历史博物馆"就标明了它的历史专业属性。中华人民共和国成立之后，在以阶级斗争为纲的社会发展中，阶级斗争、农民起义以及革命事业曾经是博物馆展陈的重要内容，如此，就无暇顾及艺术的存在。但是，艺术作品为辅佐这些展陈的内容做出了重要的贡献。从1951年开始，国博曾先后四次组织大规模的历史画创作，出现了董希文的《开国大典》、罗工柳的《地道战》、石鲁的《转战陕北》等时代代表作。这也说明，即使在以历史为主业的时期，国博也没有放弃艺术给予历史的辅助。正因为有了这样一种关系，国家博物馆有幸在艺术品的收藏方面积累了丰厚的家底。

在中国博物馆事业的发展中，绝大多数的省级博物馆都是历史类博物馆。毛泽东主席1958年视察安徽省博物馆时曾说："一个省的主要城市，都应该有这样的博物馆，人民认识自己的历史和创造的力量是一件很要紧的事。"这就是我们省一级博物馆历史属性的由来。时代不同了，博物馆的发展必须反映人民的期待和满足人民日益增长的文化需求，因此，国博"历史与艺术并重"发展定位的提出，无疑会对中国博物馆事业的发展产生重大影响，而这种引领性也可能会改变它的专业属性和体制关系。比如在文化部的管理系统中，博物馆归属文物局领导，美术馆归属艺术司领导，但现在发展趋向中呈现博物馆的美术馆化和美术馆的博物馆化，这种交叉势必带来未来行政管理的新变化。可以预想，在未来5年中，中国许多省级博物馆在经过新建和改扩建之后，业务上都将会出现"历史与艺术并重"的局面。

"历史与艺术并重"发展定位的提出，对于国博各项事业的拓展都具有里程碑的意义。因为人们看到与建筑相关的新国博所呈现的展览新面貌，其中在多元的展览结构中，将表现出历史与艺术并重的特色。转型所带来的变化，符合时代发展的要求，符合国家文化形象窗口的要求。

2011 年 4 月

只有国家强大才有博物馆的强大
——以埃及国家博物馆为例

到了埃及，看到首都开罗的国家博物馆就可以明白一个道理——只有国家强大，才能有强大的国家博物馆，而国家博物馆的状态，则能说明国家的状态。埃及国家博物馆于1858年建馆，此时中国正在经受第二次鸦片战争，两年后，英法联军火烧圆明园。那时候，中国人还不知道博物馆、美术馆为何物。1902年，埃及国家博物馆迁入解放广场现址，珍藏了自古埃及法老时代到公元5至6世纪罗马统治时代的珍贵文物10余万件。一百多年前埃及博物馆的规模令世界惊叹，它至今位居世界十大博物馆之列，而它所反映的考古成果更是标志了一个时代的最高成就。与之相比，当年中国的落后可不是一星半点，是有和无的巨大落差。中国第一家国家博物馆是在1912年建立的，它在20世纪上半叶一直没有像样的独立馆舍，直到1959年才迁入天安门广场东侧的现址，当时的规模以及国际影响力也远不能和埃及国家博物馆相比，这是一个明显的历史差距。

如今，未再迁址的中国国家博物馆与埃及国家博物馆却显现出相反的落差。埃及国家博物馆的场馆设施基本停留在一百多年前的水平之上，展陈数十年如一日，场馆陈旧得不能再陈旧，野猫在里面可以自由行走，多年来显现出破败的景象。2011年之前，该馆每天有观众一千多人，而经历了2011年的一场革命，纪念品商店遭到洗劫，至今空空如也，尚未恢复，与观众相关的服务也几乎没有。这与当今世界上以观众为中心的博物馆业发展潮流相距甚远。埃及博物馆是目前世界十大博物馆中唯一没有空调系统的，这在炎热的非洲地区，可能是其门庭冷落的一个重要原因。该馆的场馆停留在1902年的规模，缺少临时展厅，无法举办临时展览，不仅失去了与其他国家的博物馆交流的机会，让当地观众失去了认知世界上其他文明的窗口，也无法激发当地观众走进博物馆的热情。对当地观众来说，他们所看到的是自己从孩童到成人数十年如一日的展陈。埃及国家博物馆由一百多年前规模超大的世界先进博物馆，变为一座场馆设施落后、专业内容单一、公众服务丧失而徒有藏品的、非常落后的博物馆。

在世界发达国家的首都，博物馆的数量和规模正成为城市实力的重要标志。美国华盛顿中心区的博物馆群落，德国柏林的博物馆岛，英国伦敦以大英博物馆为中心的诸多博物馆，以及法国巴黎的卢浮宫、奥赛、吉美、蓬皮杜等诸多专业分工明确的博物馆集群，都显现了这些国家强大的综合实力。在中国的北京，以国家博物馆和故宫博物院为中心的博物馆在数量和规模上也正显现出一个强大

法国吉美博物馆的中国展厅

国家的实力。博物馆事业的发展，离不开一段时间内国家经济的发展和政局的稳定。相比开罗——一个有两千多万人口的首都城市，1903年就对外开放的伊斯兰艺术博物馆也是一座著名的博物馆，它与埃及国家博物馆一样都是以藏品取胜，世上鲜有与其匹敌者。然而，也是在2011年的革命中，因遭受炮弹的袭击而受损，至今难以再次开放。国家的经济状况影响博物馆的建设，国家的政局则影响博物馆的生存与发展。看看伊拉克国家博物馆所遭受的战争伤害，更能理解这个道理。

在世界文明古国中，四千多年前的埃及艺术独树一帜，建筑和雕刻水平也是首屈一指，矗立在沙漠中的金字塔至今都是世界文明之谜。或许是法老时代的极尽奢靡，或许是艺术助推了这种奢靡，造成了政权的衰落，法老时代之后的艺术传承乏善可陈。一个国家中的政权更替很正常，可是，文化和艺术不能正常传承就会影响到文明成果的累积和艺术史的脉络。所以，埃及国博藏品的精华只能固定在法老时代。博物馆作为保存文明成果的公共服务机构，其国家收藏与国家文化有着紧密的关系，在这一点上，中国和埃及有许多相似之处，国家博物馆以其反映国家文化的属性，成为国家文化的祠堂和祖庙。曾经有着辉煌历史的古巴比伦和古希腊，今天传承那段历史的国家，不要说他们有哪些值得一提的发展史，就连一家能够展示古文明成果的像样的博物馆都没有。曾经的辉煌与辉煌的衰落正好成为一个历史问题的两端，而与其关联的博物馆事业，又成为论证历史与现实最为有力的论据。

2015 年 8 月 11 日

↑埃及国家博物馆

密尔沃基艺术博物馆与城市振兴

博物馆在一座城市中的地位和作用有多种，有可能是城市的公共文化设施和地标，也有可能是城市中居民的文化依赖所在。博物馆可以挽救一座城市，像法国朗斯的卢浮宫分馆那样；博物馆也可以在城市的振兴计划中发挥独特的作用，像美国威斯康星州第一大城市密尔沃基的艺术博物馆那样。

自 1957 年到现在，密尔沃基艺术博物馆在这座城市已经存在了 60 多年，它位于密歇根湖的湖畔，有着独特的自然环境，有着特别好的景观展厅，这样的展厅在全世界博物馆中也不多见。当我们漫步在老馆中，依然可以看到窗外密歇根湖的美景，看到湖面上水鸟翻飞，与展出的艺术品相互辉映。自然景观为这座博物馆增添了无穷的魅力。然而，它老了，陈旧了，规模也落后了。

在密尔沃基城市的振兴计划中，城市的管理者首先想到了作为城市依靠的密歇根湖以及湖畔的博物馆，因此，扩建博物馆就成了振兴城市的重要手段。与之关联的是，博物馆和整个密歇根湖观光带之间的联系，博物馆在休闲、步行和骑行的道路上，能够发挥它的引领作用，建构观光带上的地标。所以，就有了如今的新馆。

对于在老馆旁边建新馆的问题，设计师们可以用各种方案来说服城市的管理者或决策者。在新老结合中，表现得天衣无缝，浑然一体，是一种方式；在新老结合中，互不关联，新就是新，旧就是旧，是第二种方式；在彼此的对比中，以和谐的方式表现各自的存在，相互依存，是第三种方式。在这三种方式中，互不关联是相当危险的，经常会受到业界的批评，比如卢浮宫的金字塔。在新馆和老馆的相互关系中，可以看到建筑设计师对博物馆的理解以及城市决策者对博物馆的认识。像密尔沃基艺术博物馆的新馆这样大胆地出现在老馆的一侧，几乎互不关联，新馆完全不顾及老馆的存在，是需要足够的智慧来获得市民支持的。

从威斯康星驱车到密尔沃基艺术博物馆，由于走错了路而绕了一圈，得以多看了几眼这座城市。城市的规模一般，基础设施陈旧。当接近博物馆的时候，远远看到它雄健的身姿和独特的造型。新馆的一侧以城市的主干道为起点，新建起了一条跨度长达73米的拉索引桥，连接着海边新馆建筑的主体。在构思上与贝聿铭设计的日本美秀博物馆有相似之处，都是通过桥来连接建筑的主体。美秀博物馆通过桥连接到一座山的山洞；卡拉特拉瓦设计的密尔沃基艺术博物馆的斜拉桥，则是一种与主体建筑相关的造型。新馆建筑的另一独特之处，也是核心部分，就是高耸的桅杆两侧伸出了令人瞩目的双翼。密尔沃基艺术博物馆用科技手段，使得它成为一个会动的博物馆建筑，为博物馆增添了独特的景观。人们来到博物馆

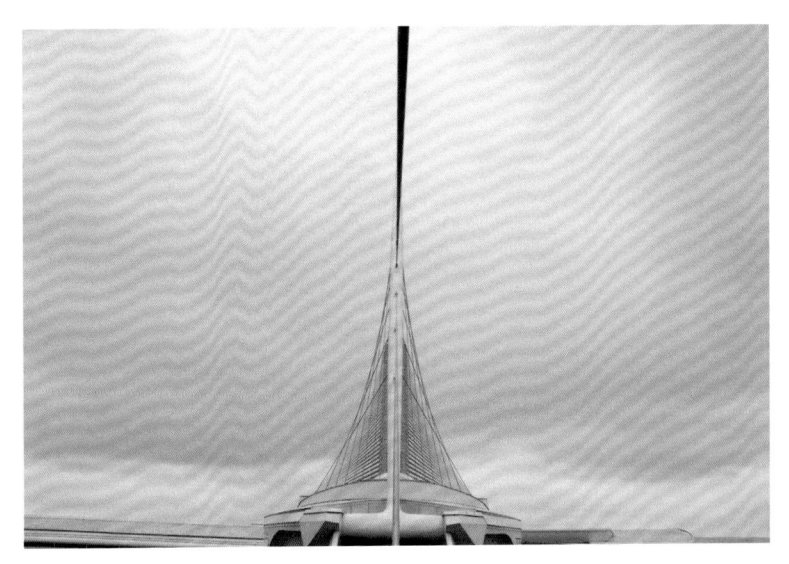

正常气候条件下，密尔沃基博物馆每天中午 12 点准时闭合双翼

等待那激动人心的正午 12 点，双翼的闭合是一场表演秀，它的实际功能是一组在建筑外面遮阳的百页，闭合时能够笼罩建筑主体的中庭。

欣赏完高大宽敞的中庭，漫步在新馆去往老馆的通道内，又是另外一种享受。特异的造型、白色调，加上透视感，人在其中像中国画的点景人物，虽然打破了完整性，可也带来了变化的生机。走到头，就是与老馆的连接过道，与大厅和过道的宽敞明亮形成了鲜明的对比，这时候不用看任何说明，都知道到了老馆，这无疑给密尔沃基艺术博物馆的新旧结合留下了败笔。新旧馆实际上没有过渡的转换，局促的空间好像穿过一个小巷，与整体的感觉没有关联。这样一个新旧馆完全不相干的结合，为我们提供了另外一种方案，

密尔沃基博物馆的过道是异形的设计

就是完全不相干也是一种可能。

　　密尔沃基艺术博物馆新馆以其独特的身姿展现出一种新时代的魅力,这是城市决策者对于博物馆建筑的理解。新与旧的比照在这座城市中有它自身的美学意义,旧馆依然凝结着城市的记忆。从功用上来看,新馆实际上只是一个临时展厅,它的空间够大。临时展厅的两侧是很长的过道,尽头就是老馆的入口。这是一个用钢结构来实现透视感的神秘过道,它为这座博物馆增添了独特的魅力。新馆屹立在湖畔,白色建筑与密歇根湖水天一色,像飞翔的水鸟,轻盈灵动,自然清新。因为它完美地融入自然和周边环境之中,所以深受市民欢迎。

2018 年 10 月 10 日

↑密尔沃基博物馆远眺
↑密尔沃基博物馆入口大厅

密尔沃基艺术博物馆与城市振兴

世界文化遗产的优雅重生

今天谈世界文化遗产的问题,我认为这个话题能够触发我很多的思考,因为世界文化遗产在全世界上有丰富的遗存,其广泛的分布也是我们大家所共知的。

在演讲之前,先请大家欣赏 4 月 12 日我拍的一张图片,这张图片拍摄于河北省承德市滦平县金山岭长城。这一天杏花节开幕,在标有全国重点文化保护单位的牌子前面的入口处正在举办一个盛

中国的世界文化遗产金山岭长城

大的车展，有很多车模正在表演。登上长城，满眼是金山岭酒的广告道旗。我想不管是中国还是外国的朋友，对此都已经司空见惯，我们很多世界文化遗产地都有这样一种景象。这不是一个孤立的个案，而是一个普遍的存在。

世界文化遗产极为丰富，中国拥有的世界文化遗产数量位居世界第二。在这些文化遗存中，可以说每一项都值得中华民族骄傲，我们也感念先人给我们留下了丰富的世界遗产，但这是一个双向的问题，中国对世界文化遗产负有历史性的责任，这个责任就是我们不仅要保管好，而且要对后人负责。文化遗产在新时代的境遇反映的是国家的生态，也表现出公民的文化素养。

文化遗产如何在新的时代优雅重生？这是这次会议的主题。在高速发展的现代化中国社会中，我们已经很难见到优雅。如果要获得优雅重生的话，首先是要把我们的文化遗产保护好，文化遗产能够体面地生存，才能有优雅的姿态。如果没有体面的生存，就难以有优雅重生的姿态。文化遗产所在地的各级政府应该尊重文化遗产，不能吃祖宗的饭，丢祖宗的脸，不能把文化遗产作为开发获利的资源，让其失去优雅生存的状态。世界文化遗产如果没有优雅的生存状态，也就谈不上重生的问题。

我们很难框定什么是"重生"，但是，我这里想说的"重生"不是翻新、铺道路、建隧道、修栏杆、挂灯笼，也不是建宾馆、立广告，更不是各类名目的商业利用，这是我对"重生"的一个基本理解。

从历史、艺术以及科学的角度去看文化遗产，它不是属于哪一个国家哪一个人的，这些罕见的文化财产都是全世界人民的文化资源，万里长城、金字塔不可再生，保护它们是我们共同的责任。如今，文化遗产越来越多地遭到各类破坏，发展中的社会经济使情况更加恶化，人为的因素使之受到现实的破坏，不良的保护和开发利用使其被破坏，都是难以原谅，甚至需要谴责的。虽然文化遗产的保护在理论上越来越受到重视，但是，除客观的经济能力和技术手段的不足外，人的因素，包括保护的理念、公民的素养等，在整个保护工作中有着主导性的影响。这种影响大到区域的保护和整体的规划，小到道路的修建，栏杆、警示标志的增设，等等，这些细节无不表现出保护的水平以及保护工作的文化内涵。秘鲁的世界文化遗产地马丘比丘，在保护中的每一个细节都以尽可能保持原貌为出发点，能够启发人们思考如何保护世界文化遗产的问题。在马丘比丘，几乎看不到现代人所增加的新的内容，从护栏到树木，到道路，一切都保持着原始的状态。更重要的是，虽然在一个面临万丈悬崖的地方没有设置任何的保护措施，但是并没有听说过哪一位游客从这个山上滚下去。如果这个情况在中国的话，一定要立很多的护栏和警示标志，一定要把路修得非常平整，凡此种种，都关系到我们对世界文化遗产保护的态度和方法。

这里为什么举马丘比丘的案例，没有举日本、英国、意大利这些国家的事例？因为大家有一个基本的看法，保护的水平是和国家的经济水平相关的。我们和秘鲁同属发展中国家，在对待世界文化遗产的方式中却能看出高下。秘鲁的马丘比丘是世界著名的旅游胜地，可是游客到达那个地方很辛苦，因为交通实在是太不方便了。但是，它的魅力就在于它的交通不便，因为它没有重修道路，没有建索道，还是靠殖民时代最原始的小火车通向景区，到了景区再换乘巴士上山。在殖民时代的火车上，旅客能够非常从容地观赏两岸的景色，而且服务员为每一位旅客铺上餐巾，旅客可以在餐桌上享受最简单的食品。这一切都让我们感念，文化遗产的保护对于文化欣赏自身而言，是一个具有独特魅力的问题。对印加古道的怀想，吸引着全世界旅游者不远万里、不辞辛劳寻找最初的印加古道，只为感受其中无穷的文化魅力。

在马丘比丘，几乎看不到任何的人工痕迹，只是在入口处有一个类似游客中心的地方，其他一些危险的地方和坡道，连警示标志都难得见到，也没有道旗，更没有灯笼，完全是一个原始状态。另外，整个景区没有任何商业设施，连洗手间都没有见到。它最大限度地保留了原始状态，保留了人们对印加文明的一种最初的感觉。

人们可能会怀疑是不是以当地的经济水平难以做到增设新设施，难以像中国保护文化遗产那样把它修得非常"完善"？事实并非如此。我无意中看到，在一个游客难以到达的山崖边上，一个工人正在用刷子刷石头上的渣土，精细又耐心，这在中国的一些世界文化遗产保护地是难以看到的。墨西哥玛雅人的金字塔的保护也是异曲同工，没有任何人工的痕迹，非常自然。

对于世界文化遗产地的保护，不能用最简单的方法去实现。我在这里特别借助于这样一个平台，呼吁我们在借鉴国外先进经验的同时，提升我们保护世界文化遗产的水平，使我们的世界文化遗产地的保护达到世界先进水平。

联合国保护公约的问题，由于时间关系我就不细讲了。当然，我想全面规划的问题更重要的是文化的规划，是怎样让我们的世界文化遗产能够优雅生存的问题。只有优雅地生存，体面地存在，才有可能获得重生。

最后，用八个字来总结：何以优雅，遑论重生。谢谢大家！

此文为 2014 年 4 月 18 日在北京奥运村鸟巢举行的"环球大使圆桌论坛"上的发言。论坛集合十余位国家大使和公使，共同探讨世界文化遗产如何优雅重生的问题。

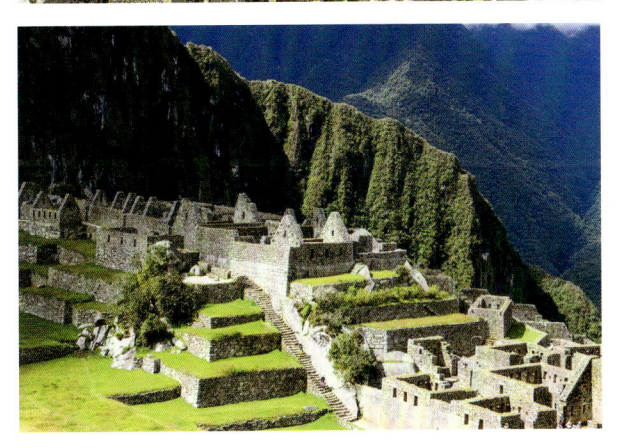

秘鲁的世界文化
遗产马丘比丘

"国宝"之殇

何谓"国宝"

"国宝"通常是指国家的宝物,具有国家的属性,它有物质与非物质两类。每个国家都有自己的"国宝",它们大都是无价的,是国家的骄傲和象征,并受到所在国家的特别尊重与保护,也得到世界人民的拥戴和珍视。成书于春秋末年的《左传》记有:"子得其国宝,我亦得地,而纾于难,其荣多矣。"杜预注:"国宝,谓龟磬。"这已经说明"国宝"是国家的宝器。唐代白居易《除孔戣等官制》:"浑金璞玉,方圭圆珠,虽性异质殊,皆国宝也。"这是讲"国宝"所具有的特别的质地与工艺。唐代崔曙《奉试明堂火珠》诗云:"遥知太平代,国宝在名都。"这是讲国宝深藏在国家名都。在民间,人们往往也会把一些稀世之珍称为"国宝",随口说说而已,以显其珍贵。但上升到国家层面,进入文博领域,就不能随便说说。

何谓"国宝"?不能用秤称,不能用斗量,更不能用具体的货币数值来界定。然而，既然是"国宝"，国家就不可能不管，所以，在文博界，考量其价值的不是随便说说的"国宝"，而是由国家认定的等级。我们国家所依据的是 1982 年 11 月 19 日第五届全国人民代表大会常务委员会第二十五次会议通过的《中华人民共和国文物保护法》，最新的版本是 2017 年 11 月 4 日第十二届全国人民代表大会常务委员会第三十次会议通过的第五次修正版。《中华人民共和国文物保护法》明确规定，受国家保护的文物分为珍贵文物和一般文物，珍贵文物又分为一级文物、二级文物、三级文物。这之中又有与价值判断相关的"禁止出国（境）展览文物"，它们都是国家认定的一级文物中的特级文物。2002 年 1 月 18 日，国家文物局公布了《首批禁止出国（境）展览文物目录》，规定 64 件（组）珍贵文物禁止出国（境）展览。此目录出台依据为《中华人民共和国文物保护法实施条例》第六章第四十九条："一级文物中的孤品和易损品，禁止出境展览。禁止出境展览文物的目录，由国务院文物行政主管部门定期公布。未曾在国内正式展出的文物，不得出境展览。"2012 年 6 月 26 日，国家文物局发布《第二批禁止出国（境）展览文物目录（书画类）》，共 37 件（组）一级文物；2013 年 8 月 19 日，国家文物局继续发布《第三批禁止出境展览文物目录》，共有 94 件（组），含青铜器、陶瓷、玉器、杂项四类。

如此，大致可以明确，属于"国宝"的文物应该在"禁止出国（境）展览文物"之中，如中国国家博物馆收藏的新石器时代的鹳鱼石斧图陶缸、商代的后母戊鼎，湖南省博物馆收藏的战国中晚期的《人物御龙帛画》，湖北省博物馆收藏的秦云梦睡虎地秦简《语书》，故宫博物院收藏的西晋陆机的《平复帖》卷、隋代展子虔的《游春图》卷，等等，可查相关目录，了解它们的详细情况以及重要性。禁止出国（境）展览，是为了保护传之久远的国家宝藏，是对国宝的礼遇。这里的"国宝"是有着国家认同的。文物都分三级，说明有高下，显然，不是所有的国家收藏都是"国宝"。以国家博物馆为例，现公布有140余万件藏品，其中有6000件是国家一级文物，其余多为一般文物，如果把馆藏140余万件藏品都说成"国宝"，显然是不合适的。

可是，自从商业绑架文化，将圆明园遗物中的西方的水龙头称为"国宝"开始，商业对"国宝"称谓的利用愈演愈烈，凡是在市面上能卖高价的几乎都冠以"国宝"的头衔，而一说"国宝"又往往立马涨价。因此，这几年，出于对部分在电视上和民间进行忽悠的专家的反感，民间又多了一个相关的专业词语——"国宝帮"。这个"国宝帮"就是专门说"国宝"、认"国宝"的，他们肆无忌惮，把假的说成真的，把一般文物说成国宝。

有了商业的绑架，又有了娱乐的绑架，"国宝"进一步在公众面前泛滥。一般来说，专家或权威人士说这是"国宝"，老百姓通常不会提出什么质疑，尤其是观众看娱乐节目看得太多了，所以他们知道也就是娱乐而已。业内有良知的专家提出质疑，虽然义正词严，但声音不可能高于商业和娱乐，甚至搅和在商业和娱乐之中，真是秀才遇到兵。话语权旁落，已经不在真正的专家手里，可想"国宝"在当代的悲剧。有法可以不依，有专业而无专业认同，那怎么办？退一万步，如果说法规比较复杂，或者具有重要的历史、艺术、科学价值的文物不好认定，那也可以简化，至少下列可以认定不是中国的"国宝"：

1. 不是中国人创造、不在中国制作、不表现中国文化精神；
2. 不辨真假或难辨真假，不明是非，不明来源；
3. 有价。

关于第3点最简单的解释是，人们通常称熊猫为"国宝"，是因为它珍稀，它受国家保护，所以没有哪家拍卖公司拍卖熊猫的，因此，人们也不知道熊猫值多少钱。"国宝"正是如此，是无价的。

"国宝"的出镜

2018年春晚，有一个"盛世中华，国宝回家"的特别节目。就我的专业认识，我认为那天演播室里展示的是复制品，但是讲解员没有说明这一点。演播室缺少温湿度控制，加之强烈的灯光照射，"国宝"的原件无论如何不会被展示在这样的空间之内。这里先抛开展示的是否为"国宝"不论，如果是复制品，讲解员应该说明，这样可以让人们放心，让人们感觉到专业。至于讲解员，他说好说坏都不怪他，因为他是演员，是在背书，如果有错，那也是写台词的错。

中国的卷轴画通常画于绢和纸之上，这类材质比较脆弱，尤其是年代久远的作品，打开一次伤一次，特别是绢本。对于绢本的保护，最好的办法就是尽量少打开，尽量避免强光。因此，中国各级博物馆中绘画馆的灯光、国外绝大多数博物馆展示纸质文物的灯光，都极其暗淡，有的还设有感应装置，在没有观众的时候会自动灭灯。这一点，相信是博物馆人的共识，一般的观众也能够理解。如此来看，央视春晚演播室内展示的还会是原作吗？它是"国宝"吗？

在这个只有4分4秒时长的节目里，有关画的内容不多，但有几句关键口号——"盛世中华，国宝回家""一件国宝级的书画""它非常珍贵""把流落在海外多年的国宝带回家""国宝回家，全民共享"。客观来说，如果不是看在央视的名号以及台上嘉宾头衔的份上，还以为是"国宝帮"在忽悠。虽然全长30.12米的画卷限于场地和时间，只展示了部分，但毕竟是在非博物馆的娱乐空间中展示，如果所展示的是原作，那实在对不起"专业"这个词。专业的单位做业余的事是最可怕的。看看在大英博物馆中受到礼遇的中国的"国宝"——顾恺之的《女史箴图》吧，大英博物馆是不可能让《女史箴图》出馆门的，更不要说拿到国家电视台的娱乐节目中去展示。这不是能与不能的问题，是对国家文物、国家文化有没有基本尊重的问题。这里要加一句，如果国人都不尊重自己的文化和文物，遑论他国之人来尊重中国的文化和文物。

献宝者在演播室现场还说了一句："把流落在海外多年的国宝带回家。"这是典型的"国宝帮"的口吻。明明是有人从日本倒腾回来，而且到了国内还几经倒腾，有钱的献宝者只是最后一棒的接手者，怎么能说是自己"带回家"？至于其中如何倒腾的，过程在网上都有，这里就不赘述。

博物馆是国家的公器，但往往落到少数人手里，成为个人把玩的玩物。也有真正的"国宝"回家，像国家文物局从海外征集回来的交由国家博物馆保存的商末周初青铜重器"子龙鼎"，以及北朝石椁、唐代天龙山石窟菩萨坐像和头像、宋代木雕观音菩萨坐像、五代王处直墓彩绘浮雕武士石刻等，它们在国家博物馆的展出真正体现了"全民共享"。这些海外回流的文物之所以没有争议，是因为流传有绪，有专家的多年跟踪、反复鉴定和研究，是国家有关部门慎之又慎的决定。

娱乐是把双刃剑，当你想娱乐别人的时候，可能自己也被娱乐了。

"国宝"的捐赠

在世界上任何一个国家，公民将自己的藏品捐献给国家都是高尚的、为人称道的。在全球博物馆体系中，有许多依靠私人捐赠而建立起来的博物馆，而将私人专享变为与公众分享的捐赠，则开启了博物馆发展的历程。英国牛津大学的阿什莫林博物馆就是世界上最早因为私人捐赠而建立起来的博物馆，它开启了300余年来世界博物馆发展的历史。如今，基于私人捐赠而建立起来的博物馆数不胜数，无数捐赠者的名字都刻在各博物馆的墙上，这既是缅怀和追忆，也是纪念与歌颂。

中国第一座公立博物馆在辛亥革命之后的第二年开始筹备,鲁迅先生等向筹备处捐赠了自己的藏品。如今,各博物馆都有自己的捐赠目录,捐赠成为中国各级博物馆获得藏品的一个重要来源。我们感念那些捐赠者,我们没有任何理由去怀疑或猜测捐赠者的动机。但是,此一时彼一时。今天的中国私人捐赠已经不像过去那么纯粹,出于各种私欲的捐赠比比皆是。对于绝大多数博物馆来说,不管是出于什么样的目的,只要捐赠的藏品是真的、是好的,就多多益善。只要来源合法,这都没有错。因此,一些捐赠人千方百计攻克国家级、名气大、有影响的博物馆。对于商人或者有商业目的的捐赠者来说,捐赠是其商业行为的一个过程、一种手段。比如画家,通过捐赠使其作品获得高价,通过高价又继续忽悠另外的买家。在这样的捐赠中,博物馆仿佛成了人家的托。像我这样画卖不出去的,也想捐赠,还想捐赠给卢浮宫,可是,人家不收在世画家的作品。事实证明,今天有相当一部分的捐赠是值得怀疑的,也有一些捐赠的接受是需要商榷的。

2009 年 10 月,法国收藏家有意将圆明园遗物兔首、鼠首捐给中国的台北故宫博物院,却遭拒绝。时任院长周功鑫女士在接受有关部门质询时指出:"本着博物馆专业伦理来看,只要有争议的东西,'故宫'是不能珍藏的。"当年看到周院长所说的"专业伦理",就无比钦佩她作为执业者的操守,她的这一决策被人们认为是捍卫了"社会的形象和知识分子的良心"。从"社会的形象"来看,我们的一些博物馆因为"专业伦理"缺失,已无形象可言;而从"知识分子的良心"来论,我们的各级博物馆的馆长大都可以被称为知识分子,但有些人的良心在哪里?有没有变质为无良?缺失"专业伦理"就是无良。公器私用,只想自己抛头露面,就是无良。周功鑫院长是法国巴黎第四大学艺术史与考古学博士,她在博物馆学与展览策划等领域有丰硕的研究成果。作为台北故宫博物院的原院长,其专业性毋庸置疑。在周院长任上,台北故宫博物院坚持不接受在世书画家的捐赠,代表了台北故宫博物院这一名号的基本的学术立场。

美国华盛顿佛利尔博物馆的藏品来自其创始人佛利尔先生的捐赠。佛利尔沉湎于独特的中国文化和文物,通过各种渠道收藏了很多中国古代珍宝,在近3万件收藏中,就有1200多件中国古代绘画,位列全美之首。其中有一幅南宋的《洛神赋图》白描本,是存世9卷《洛神赋图》之一,其他散落在北京故宫博物院、大英博物馆和辽宁省博物馆。就佛利尔博物馆的名气而言,有无数的捐赠者想把自己的收藏捐赠给该馆,可是,佛利尔博物馆一律说"不"。有许多人想不通,为什么白送也不要?这是为了保持佛利尔收藏的独特性和纯洁性。这是一种"专业伦理",不能见钱见利就眼开。佛利尔的后人多年来坚持每天给该馆的佛利尔雕像献花,每一位经过的观众眼神里都充满了敬重。世事就是如此,有人隔三岔五在电视上忽悠,博一时的眼球;有人默默奉献,获得的是久远的注视。

位于伦敦的华莱士博物馆,是一座人见人爱、小而美的宫殿。华莱士博物馆是历经赫尔福德侯爵家族五代积累收藏的博物馆,其第五代传人和他的太太于1897年将全部收藏,连同18世纪建造的这栋楼一起捐献给了国家，后来被改成对公众开放的国家级博物馆。这一博物馆也不再增加收藏品，其封闭性就是为了保持赫尔福德侯爵历经五代收藏的纯粹性。

对于很多博物馆来说，以封闭式收藏来保持其藏品的纯粹性是非常必要的，这是博物馆收藏的特色之一。这一点对于遗址类博物馆来说尤其重要，对于那些经由考古发掘而形成的特色收藏亦是不容忽视。拿湖南省博物馆来说，其从马王堆墓发掘而获得的系列藏品，是该馆的最重要特色，无与伦比。如果有一天马王堆周边的人来献宝，说是来自马王堆墓中的，故事也说得有鼻子有眼，所献之宝也有大致的模样，那湖南省博是收还是不收？我认为不能收，理由就是要保持当年科学考古发掘的完整性。类似的还有湖北省博物馆馆藏的战国曾侯乙墓出土的系列文物。掺杂就是混淆，就破坏了科学发掘的完整性，就说不清，这是博物馆收藏的大忌。当然，像国家博物馆这一类型的综合性博物馆，其早期馆藏主要来自各地的调拨，那收藏体系的庞杂则另当别论。

博物馆收藏并不是越多越好，特色最为重要，品质最为关键。收藏失去专业伦理是博物馆界多年来存在的弊端，有些博物馆收藏杂乱无章，唯利是图，见钱眼开，而可笑的是，有些业内人士不以为耻，反以为荣，为社会平添了许多笑柄，这是与博物馆专业伦理严重背离的。

"国宝"的学术形象

"国宝"尽管有其自身的历史、艺术或科学的价值,但还是需要学术来支撑。

"国宝"与学术有着重要的关联。当它流落在社会上的时候,也就是江湖上的一个看人识还是不识的物件,各人根据自己的利益诉求可以赋予它不同的定位,"国宝帮"擅长此道。"国宝帮"的特色是没有学术,只能忽悠。社会上有很多散落的文物,重要的不能说没有,但不重要的比比皆是。对于散落文物的认识,其中有些属于基本常识,稍有常识就可以看出来;有些在缺少题跋及相关文物比照的情况下,是很难做判断的。"国宝帮"是无知无畏,敢于下论断,而博物馆的专家相对来说比较谨慎。因此,这些散落在市面上的文物有着杂乱而不系统的基本学术形象,"国宝回家"中的"国宝"就具有这样的特征。散落的文物进入博物馆,理论上来说就不一样了。博物馆会对其进行各方面的研究,包括研究其与相关文物之间的关系,重塑其学术形象,并通过展览与公众分享。这是从理论上说的,事实上并不完全如此。原来我的认识是基于常理、常识以及对职业的尊重,这次"国宝回家"让我看到了不堪的现实,原来博物馆也是如此。这几年我到处做讲座,讲博物馆如何伟大,如何美妙,没想到我们的内部已经腐朽不堪。

"公众分享"没有学术支撑,如此,和土豪显摆有什么不同?土豪得到好东西就是这样,不管三七二十一,先显摆。博物馆与公众分享必须有学术根基,以研究成果为依据,不能信口开河,指鹿为马。在学术上的不负责任是对公众的极不尊重,是"专业伦理"丧失的重要标志。

博物馆不管大小,都有属于自己的社会形象。社会形象分两方面:一是公众形象,二是学术形象。总体来说,社会形象是博物馆自己塑造的,是自己努力的结果,而公众的赋予是基于博物馆自己努力结果之上的叠加。博物馆的形象塑造是一个历史过程,是几代人努力的结果,因此,每一任馆长除了做好当下的工作,维系传统也是品评其功过的一项重要指标。可以理解的是,每一任馆长都希望自己这一任能够做得更好,能够超越前任。但是,这个品评不是当下的,而是历史的。有想当网红的心,就已经偏离了博物馆的价值体系。在人们的心中,博物馆工作人员是老气横秋的,眼镜片都像墨水瓶的瓶底那样厚,这种形象是人们所尊重的学术形象,是几代人塑造的。博物馆工作就是默默无闻、年复一年。这里说的默默无闻是与娱乐的公共文化相比,是和网红、明星相比。当然,每个人的价值取向不一,有人就好这一口,那也没办法,公众更无可奈何。

博物馆社会形象的自我塑造表现在很多方面,几乎囊括了博物馆业务工作的方方面面。一座博物馆从建设开始,馆舍是其最初也最基本的形象。因此,近年来,在新的博物馆建设中,主导者千方百计拼设计,为成为城市的地标而努力。博物馆开馆之后,社会形象就开始树立起来,而完善和丰富则是一个长期的过程,有的需要上百年。事情做好了不断加分,做错了则减分,不断地减分就预示着这家博物馆要出问题了。

博物馆的公众形象通过博物馆的各种窗口来表现，哪怕是少为人关注的餐厅、咖啡厅，或者是供观众休息的座椅，这些都会给观众留下记忆，而由此给公众留下的博物馆形象可能是终生不灭的。这些元素，由小见大，都可以反映博物馆的学术形象，餐厅、咖啡厅的环境，座椅的设计，说起来都是小事，但小事累积起来就成为大事，因为它们都关系到博物馆的社会形象。

博物馆的学术形象是至关重要的。博物馆的学术方向、学术状态、学术成果以及专家学者的队伍与成就，都是博物馆学术性的重要组成。博物馆的学术形象还表现在学术影响之上，这种影响可能是一部规模很大的书，也有可能是很平常的单册或一篇论文，关键是它解决了什么问题，填补了什么空白，综合了什么研究成果，如此种种，都反映出博物馆对学术的重视程度和组织能力。一般的道理大家都懂，可是做出来的结果却大相径庭。就现况而言，中国博物馆界的总体研究能力在萎缩，研究队伍青黄不接，有一茬不如一茬的迹象。有些博物馆的研究水平是明显下降，学术影响力越来越小，有影响力的专家越来越少。更奇怪的是，有的人学问不大，却以博物馆的名号投靠了"国宝帮"，更让博物馆界丢脸。

博物馆的学术形象还表现在对藏品研究的水平之上。有的博物馆藏品数量之多，令馆长自豪，到处吹嘘。实际上这没有什么好吹的，都是祖上留下来的。真正好吹的是研究成果，没有研究成果，也就是数量巨多、价值巨高的仓库，馆长只不过是库房保管员的头儿而已。经常听到博物馆说自己又多了多少开放的面积，这不错，这很重要，但时不时也要晒晒学术研究的成果，看看最近几年在学术上有什么新的发展。客观来说，馆长多说说学术，对自身的形象塑造有好处，也是对馆内研究人员的安慰。如果馆长沦落为清退被占房屋或修缮房屋的一般行政人员，那真是有点大材小用了。

博物馆的学术形象最直接的表现是博物馆的展览。博物馆展览的学术含量，是反映博物馆学术水平和研究能力的重要指标。这几年博物馆界好像流行以观众数量论英雄，所以往往动用各种手段来鼓噪，把人们的视线从关注展览和展品中转移到排队之上，反而面对声势浩大的展览，好像没有看到具体的评论——策展有什么学术背景和独特思路？布展有什么特别的设计和方法？学术上有什么呼应和阐释？这些好像都没有看到，看到的只是拿出了什么样的重要藏品，它们如何重要。这重要、那重要，还要你说吗？前人早就说过了。从库房里面调藏品不是什么难事，馆长一句话，分分钟能搞定。这能说明什么呢？过去的馆长也能调，未来的馆长还能调。

"国宝"的研究

家中有宝，就是自己看看的，最多是琢磨琢磨。而这个"宝"对自己来说是宝，对别人来说，可能还不是宝。国中有宝就不一样了，通常还要建立博物馆。建立博物馆干什么？不仅仅是为了展示所藏，更重要的是研究。没有研究的博物馆，最多只能说是展览馆。

实际上，今天中国的许多博物馆只能说是展览馆，或者说有相当一部分承担了展览馆的功能。

研究工作在博物馆中很重要。

"国宝"也是需要研究的。没有研究，就只是供奉在那里的稀世奇珍，没有生命，没有活力，就不能延展它存世的价值。研究可以为"国宝"增添活力，扩展其历史、艺术和科学的内涵。博物馆的社会地位和影响力不仅是占有多少"国宝"，还要看它的学术状况、研究水平、思想高度。博物馆也不同于珍宝馆，不是炫耀占有和稀世，而是通过文化的关联表现时代、类型、研究的深度。但是，中外博物馆都存在重展示、轻研究的问题。

"国宝回家"中的"国宝"真与假、是与非是一个问题，博物馆在接受和持有这两方面的研究缺失更是令人意外。没有研究便将其搬到了亿万观众面前，暴露出博物馆的专业态度存在着严重的问题。这事如果出现在"国宝帮"的江湖上完全可以理解，出现在堂堂正正的央视节目中实在令人无法接受。

博物馆的研究是复杂的，因为藏品多，类型多，人手不足。队伍在哪里？有队伍能不能拉得出来？这些都可能制约研究的广度和深度。但是，事情都有个轻重缓急，在数以百万计的藏品中有一、二、三级，挑重要的先研究，重点研究，那是常情。如果遇到了"国宝"级的，又与国家战略相吻合，以历史服务于现实，那是重中之重，按理说应该举全馆之力。如果全馆不足，可以举全国之力；如果全国不足，还可以组建国际队伍。退一万步，如果重视了，那就会出研究成果，等有了研究成果，对作品的历史和艺术的属性有了基本的认识，再拿到社会上来，那叫以理服人，以德服人，那是博物馆的实力所在。可是，现在漏洞百出，感觉还没有研究就将一些近乎商业炒作的说辞昭告天下，而人们感觉到的是一个裸体的"国宝"，因为看不到附加其上的具体的研究内容。如今，面对社会上一些专业人士的质问与举证，有关方面没有任何学术回应，作为博物馆人的我为之汗颜。

面对缄口可以有两种认识，一是无言以对，一是不屑一顾。无言以对是因为理屈词穷，而不屑一顾就有问题了。如果是理屈词穷，发现错了，认个错，也没有什么丢脸的，人们反而会为这种学术态度点赞。不屑一顾不是积极的态度，不符合"全民共享"的原则。"全民共享"是有丰富内涵的，展示只是一方面，还包括共享学术和研究，官网上公布高清图片是一方面，组织专家去研究，回应他人的质疑也很重要。"共享"不仅表现在资源上，还表现在对原始资源深入研究成果的"共享"上。不知道现在有没有"共享"的成果？如果有，正好回应质疑。我内心非常着急，希望能够早日看到有说服力的研究成果。

博物馆的公众性是个复杂的架构。自己的藏品在面向公众的过程中出现知识问题、学术问题，哪怕是一个说明牌错了，该改的也必须要改，不能置之不理。博物馆应对问题的态度，也体现了博物馆整体管理水平的高下。

这几天一直在想，如果徐邦达先生（1911—2012）在世，他老人家会做何感想？徐先生生前有"徐半尺"之誉，意思是，画卷在手，他只要打开半尺就知道真假。他为他所在单位带来的美誉，确立了博物馆的社会地位，这就是"人才立馆"。徐先生曾对我说，书画鉴定是复杂的事，有个认识的过程。有的画多年前看是真，但现在看有问题；有的画多年前看不对，现在看是真的。徐先生所说是书画鉴定的规律，我一直谨记在心。任何事违反了规律就会出问题，就会出现误判。当然，今天我们所面对的书画鉴定问题，远比徐先生那个时期复杂，那时还没有"国宝帮"，或者说"国宝帮"还在潜伏期和酝酿期。相信即使徐先生今天还在，也敌不过"国宝帮"，我都能想象出徐先生那无奈的神情。

落实到具体的一幅画之上，其研究是多方面的，需要时间和过程，需要努力和钻研，任何投机取巧走捷径都不可能达到学术的高度。而对于今天来说，还需要新技术手段。这个时代赋予了我们这一代研究人员此前没有的机会，因为新的技术为我们创造了可能。以国博所藏的明代《抗倭图卷》为例。此前，这幅画被认为是明代的，大概是根据画面中倭寇旗幡上日本弘治的年号，但"年"之前缺字，难以确定具体时间。自2010年起，持续5年，中国国家博物馆与东京大学史料编纂所开展合作研究，因为东京大学史料编纂所也藏有一幅《倭寇图卷》，两个版本接近。其间，东京大学史料编纂所的专家用红外相机拍摄国家博物馆的原作，在画卷前端的倭寇旗幡上发现了肉眼看不到的内容，这是徐半尺的慧眼也看不到的，真是令人惊奇的重要发现——画中倭寇船的旗幡上有被白色覆盖的文字:"日本弘治一年"。

这一发现为我们确定了该画创作的时间,是在明嘉靖三十四年(1555)或之后,但距离 1555 年不会太远;这也确定了作品所表现"抗倭"这一历史事件的时间。这一意外发现,为我们的美术史研究提出了新问题——国内外还有多少重要的中国历代绘画需要用新技术手段去发现未知的内容,从而带来美术史研究的新成果和对具体画作的新认识?这是我的期待。

由此想到前面所说的"国宝",如果它是真的,用一些新的技术方法去研究,没准还能发现新的内容。可是,现在对它的研究缺失。面对现有的结论,与之相关的 16 世纪从何而来?为其背书的台词又是谁写的?一般来说,画上没有明确题款说明年代,是不宜做具体论断的。

2018 年 2 月

追讨海外流失文物的自信

　　论说圆明园兽首是不是"国宝",首先应该明确"国宝"的概念。通常来论,"国宝"乃国之瑰宝,它不是仅具有一般意义的文物或佐证。如果基于中国文化的立场,从艺术价值和审美价值来看,圆明园兽首只是一般性的历史文物,它在中国艺术发展史上,尤其是在中国雕塑艺术史上,可以忽略不计。因为它的血统缺少中国文化的基因,难以与雄强浑厚的汉唐雕塑相提并论,更与中国艺术的写意精神相去甚远,它所反映的是西方写实雕塑的传统。而如果将其放到西方雕塑史上来论,也只能说是一般性的雕塑,在西方的园林雕塑中司空见惯,不足为奇。圆明园兽首只是圆明园中的园林装饰雕塑,很难想象法国人会把凡尔赛宫内的园林雕塑中的一个部件称为"国宝"。

　　对于"国宝"的认识,基于不同的学养和不同的文化立场,不同的人有不同的标准,各有所爱,难以强求,也难以统一。就好像人们说经典一样,不同的人也有不同的认知标准。如此而论,属于圆明园故物的兽首不能称之为"国宝",并不是说它不具有历史价值和特别的社会意义，只是说社会上将其称为"国宝"欠妥，或者说为了经济的目的和情感的意义，将其称为"国宝"欠妥。

何谓"国宝"？"国宝"首先应该以"国"为基本，具有普遍的文化认同，是历史积淀后的文化共识。其中最重要的是能够反映国家文化内涵的核心价值观，能够表现民族文化的杰出创造，能够代表一个时代文化和艺术发展的最高成就，能够承前启后在历史发展中发挥积极的引导作用。现藏于中国国家博物馆的原始社会的"舞蹈纹彩陶盆"、商代的"后母戊方鼎"和"四羊方尊"等，还有其他馆藏机构所藏张择端的《清明上河图》、黄公望的《富春山居图》等，均可以称为国宝，这是国人无可争议的共识。中国有很多被列强掠夺而流失海外的文物，其中具有代表性的有1914年被打碎装箱盗运到美国，现藏于宾夕法尼亚大学博物馆的昭陵六骏中的"飒露紫""拳毛騧"，以及散存在美国的响堂山石窟造像等，这些可以被称为"国宝"，它们不仅承载着被掠夺的历史，而且具有重要的历史和艺术价值。

20世纪初被掠夺的重要的中国文物大都进了博物馆，但也不排除一些国宝级的文物会出现在国外的文物市场上。比如说现藏于国博的"子龙鼎"是已发现的商代青铜圆鼎中形体最大的一件，它在20世纪20年代前后被日本的"山中株式会社"以"购买"的方式窃取到日本，直到2004年才在大阪的一个私人藏品展上露面。2006年，国家文物局在香港市场上以4800万元人民币将其购回。在近几年的艺术品拍卖市场上，"海外回流"已经成为一种概念，成为一种商业手段。而在国际市场上，面对流失文物所出现的不理智的行为，最具有代表性的就是圆明园兽首。20世纪80年代末兽首刚出现在拍卖场时，价格仅为1500美元，那时候比较单纯，没有掺杂政治因素和民族情感，也没有国家文物局的干预，其价格符合当时的市价。可是到了2000年，牛首、虎首和猴首三件被保利集团以3000万港元拍得时，方方面面都出现了爱国的声音。2009年，当鼠首和兔首在法国佳士得拍卖时，起拍价已经飙升至800万欧元和1000万欧元，总价约为2亿元人民币。这时国家文物局出面干预，还引发全球华人声援，最终造成了"拍而不买"的闹剧。兽首价格的一路飙升，民族情绪的一路高涨，其直接的后果是哄抬了中国文物的市场价格，让政府和民间难以面对在国外市场不断出现的流失文物，在一定程度上影响了政府对流失文物的追讨。

海外流失文物是一个复杂的概念，一种是被列强掠夺到海外，另一种是通过非法购买的方式盗运到海外。它们数量众多，其中涉及非法的部分，情况各有不同。对于追讨的问题，不能纠缠在民族情绪的鼓噪之中，当下首先应该做好研究工作，除了了解收藏之地，更要弄清其来龙去脉，建立一个国家流失海外文物目录。这是一项细致而艰苦的工作，是进行有效追讨的学术基础，也是提供法律依据，即掠夺的罪证的过程，只有基于此才能有效开展追讨工作。追回流失文物，我们不能停留在口头意愿上，也不能停留在民族情感的煽动中，要落实在实干上，同时要组织国家团队专门研究有关国家的法律，依据法律进行追讨。可借鉴的成功经验有：秘鲁政府依

美国大都会艺术博物馆中的中国古代石刻

据美国法律，要求耶鲁大学归还1912年美国从秘鲁拿走进行为期18个月的科学研究而后长期滞留的文物。2010年9月，秘鲁总统加西亚向美国发出了最后通牒，11月2日又亲自写信给美国总统奥巴马，要求他干预此事。11月5日，秘鲁政府组织全国性大规模游行示威，总统加西亚以及国会和政府的代表也参加了游行。2012年12月31日前，美国最终归还了全部文物。

我国近年来在追讨流失文物方面也有成功的案例。2000年3月21日，佳士得于纽约举行的拍卖会中将拍卖河北曲阳王处直墓被盗的浮雕武士石像，国家文物局即刻照会美国使馆，要求阻止该项拍卖，并根据国际公约将其返还中国。同时公安部向国际刑警组织美国中心局发出通报，请求合作。3月28日美国海关查扣了这件中国文物。最后经美国司法部门根据联合国公约做出裁决,于2001年5月26日将浮雕武士像无偿归还中国政府(现藏中国国家博物馆)。

追讨海外流失文物问题的关键,是在国家强大基础上建立起来的国家自信,在国家自信基础上建立的系统组织,在系统组织基础上形成的不屈不挠的精神。

原载2013年5月13日《文艺报》,原标题为《应该从核心问题上激发追讨海外流失文物的自信》

附:不要忽悠圆明园的"水龙头"

圆明园的那几个动物头形的"水龙头",时不时地就翻起波浪,且一浪高过一浪,最近"马首铜像将在港拍卖,估价超过六千万港元"的报道又成为新的一波。香港苏富比将于10月拍卖圆明园十二生肖铜像中的马首铜像,成为日前的一大新闻。此次拍卖的马首铜像曾于1995年参加台湾地区某收藏团体的展出。

据史料记载,圆明园海晏堂原有十二生肖兽首铜像,分别代表一天的十二个时辰,每日按时依次喷水,至正午时十二生肖同时喷水,场面壮观。英法联军入侵火烧圆明园之后,十二生肖铜像下落不明。直到1987年和1989年,十二生肖中的猪首和马首分别在纽约和伦敦被拍卖,这一圆明园遗物才开始为人们所瞩目。之后,又于2000年春在香港苏富比、佳士得拍卖,都被国内一家机构以高价拍得。当时的状况至今历历在目,因为这个与"爱国""回流"相连的时髦举动,曾经为社会所广泛关注。一说圆明园遗物,一说八国联军,新仇旧恨涌上心头,因此,花多少钱也要把这个与爱国相连的国宝夺回来。所以,这一桩圆明园遗物回流的消息就成了当时一桩轰轰烈烈的新闻,其盛况可见于当时的报道之中。这个事情已开了头,好像就定了一个规矩,这个"水龙头"也不断地出现,时不时地在考验国人的爱国之心。紧接着,猪首铜像由全国政协常务委员何鸿燊出资购回,其价格据说"未超过700万元人民币",后藏于保利艺术博物馆。

据专家推论,圆明园当年的文物数量不会少于150万件,因为圆明园园林建筑达20万平方米,比故宫的全部建筑面积还多4万余平方米。对于这些今天被称为文物的陈设品,尤其是充满西洋风味的建筑,我们应该以什么样的眼光来看待和认识,不仅是史学观的问题,更重要的是尊重史实的问题。就目前已被确认为圆明园遗物的这几件水龙头来看,基本上可以说是西方雕塑,说不定是凡尔赛宫的工匠手艺。退一万步说,即使它是属于中国的工艺,那它在中国雕塑艺术的发展史上也是微不足道的,像许多清代宫廷艺术一样,其艺术的价值以及在艺术史上的地位都是有限的,根本谈不上是"国宝"。不能只因为它是圆明园的遗物,就成了"国宝"。如果这几个外来的东西都成了"国宝",那我们如何面对历史上夏商周的"国宝"?在诸多事物贬值的今天,"国宝"的称谓在我们的眼皮底下贬值,动不动就称"国宝",已经成为一种商业的时尚。

现在，圆明园这一遗物的价格在几年之内就涨了六倍。接下来还有已知的被法国人收藏的铜鼠首、兔首，还有下落不明的铜龙首、蛇首、鸡首、羊首。如果有一天它们出现在拍卖会上，那价格还了得？因此，在这个问题上要学习中国的当代艺术，去忽悠外国人，卖百万千万，而不能用"爱国"来忽悠中国人，花千万去买外国的水龙头。

原载 2007 年 9 月 8 日《美术报》

↑ 作者在美国宾夕法尼亚大学博物馆所藏的昭陵六骏之一前
↑ 美国宾夕法尼亚大学博物馆中丰富的中国藏品

美国旧金山亚洲美术馆的中国展厅

法国赛努奇亚洲美术馆的中国展区

法国吉美博物馆的中国展厅

追讨海外流失文物的自信

加拿大安大略博物馆
展出的中国古代壁画

瑞典东亚博物馆

日本东京国立博物馆
的中国古代石刻展厅

〉〉〉〉〉〉〉〉〉〉博物馆之美

我理想中的博物馆

我理想中的博物馆不仅要有宏伟而功能设施完善的建筑，要有丰富多样而独特的藏品，更重要的是它能够成为国家和城市的骄傲，以其超强的吸引力成为公众的文化依赖，成为几代人传颂的抹之不去的人生记忆。

博物馆因收藏而存在。

收藏的是文明成果，是历史记忆。

因为有了收藏，有了公众共享的概念，从而有了博物馆。

世界上第一座公共博物馆是牛津大学阿什莫林博物馆。1683年，收藏家阿什莫林将他的藏品全部捐赠给牛津大学，学校为之专门在宽街建造新楼，成立了牛津大学阿什莫林博物馆，1845年迁至现在的博物馆建筑中。它是英国第一座公共博物馆，也是世界上较早的公共博物馆之一，同时是世界上规模最大、藏品最丰富的大学博物馆。世界上第一座对公众开放的博物馆是大英博物馆。18世纪，英国收藏家汉斯·斯隆（内科医生）为了让自己的收藏品能够永远"维持其整体性，不被分散"，决定将近8万件藏品捐献给英国王室。王室由此决定成立一座国家博物馆,这就是1753年建立的大英博物馆。

博物馆因展览而鲜活

经常变化的展览,是博物馆生命流动的血脉。

展览是博物馆综合实力的外在呈现。国博的"古代中国""复兴之路"长期陈列展,涵盖了超过五千年中华文明和近代以来各个时期的重要文物,国宝触目皆是,精品满眼可得。

展览的水平标志着博物馆专业水平的高度。

博物馆展览中的国际合作,也反映了博物馆的整体实力。因为历史的原因,国博的外国文物和艺术品收藏严重不足,无法与世界著名大馆中的中国藏品比肩。为了公众的利益,为了让我们的公众不出国门就能够看到世界文明的成果,更需要引进展览来弥补藏品不足的缺陷。近五年来,国博引进的展览改变了过去的低水平状态,呈现出精彩纷呈的特点。

国际间的展览合作是一个复杂的话题,受制于很多方面,难度超出常人的想象。首先是藏品出借的可能性,要基于各国文化遗产保护的法律,并不是想要什么就给什么,要谈判,争取最大可能。再就是经费的问题,运输、保险、借展、布展、图录、宣传以及开幕等环节产生的相关费用,同样是以维护自身利益为出发点,该付的要付,不该付的坚决不付。不该付的往往是面子,是国家的面子,是博物馆的面子,比如借展费。

博物馆因教育而非凡

博物馆的非凡之处在于其特别的教育功能。它不是独立的教育机构，但其独特的教育功能却是专业教育机构所不能替代的。

博物馆是人生受教育的第二课堂，也是伴随人一生的终身课堂。

博物馆像一部百科全书，其综合性的特质表现在教育的意义上，不是局限在某一个学科，而是在各个方面的指引或暗示。它可能没有专门的教室，但展厅就是它的教室；它可能没有教材，但展品就是其最直观的教材。这些展品有许多曾以图片的形式出现在教科书中，通过展览，可以启迪思维、激发想象、学习历史、提升审美。

世界潮流中博物馆事业的发展，正越来越重视教育的功能。

博物馆因文化而立足

博物馆除了收藏、展览、研究、教育、交流等功能，还有重要的休闲功能。不同于在公园等公共空间的休闲，博物馆休闲是独特的文化休闲，是能够获得知识和审美的文化享受，因此，博物馆构建了延伸服务的体系，书店、纪念品商店、咖啡店、餐厅等，这些都不同于社会上相关的专业服务——不是专门的餐厅，但它是城市中最好的餐厅；不是专门的书店，但它是城市中最独特的书店；不是专门的旅游纪念品商店，但它是城市中与博物馆相关的能够带走记忆的具有独特性的纪念品商店。它们在博物馆中占有最好的或最

菲律宾自然历史博物馆

特别的空间，它们有着独特的空间营造与艺术氛围，而这一切都是与博物馆文化相关联的。

去博物馆吃顿饭、喝杯咖啡或喝杯茶，带走一件纪念品吧，回去慢慢品味，为未来制造一个回忆过往的想象，为人生累积一段故事。

博物馆因公众而长久

有英国人说，博物馆如今在英国已经取代了教堂在社会中的地位。事实上，博物馆在英国被视为重要的教育机构之一，参观博物馆历来是英国中小学教育的一个重要环节，这是历史文化传统造就的文化依赖。正因为公众的集体意识中有着这样一种代代相传的文化依赖,所以才有了世界博物馆事业在当代如火如荼的发展。这正是互联网时代图像已在云端普及的现实中,大家之所以还要走进博物馆的根本原因。

公众的文明水平在博物馆是一个直观的呈现。发展中国家的公众对于博物馆的依赖度在培养之中,而公众在博物馆的行为也需要通过教育来提升。因此,要求观众——

不能违反博物馆的规定;

不能有任何举止影响到他人;

不能触摸展品,明确允许触摸的除外;

不能大声喧哗;

不能在展厅内奔跑、嬉戏;

不能用自拍杆;

不能在拍照时影响他人;

不能把食物和水带进展厅,不能在展厅吃零食和喝水;

不能在公共空间内躺卧。

那么,如何才能在博物馆中更好地观看展览?亦可参照下面的建议:

提前做好功课,明确去看什么,是去看某个展览,还是去看某件或某几件展品,做到有的放矢;

提前学习或了解目标内容的相关知识与背景,这样在看到原作时能够调动记忆,加深理解,同时发现新的内容;

注意看重点、看细节、看相关联的内容;

不要把时间花在摄影上，图片在官网或图录上都有，自己拍的质量基本上无法超越；

回去慢慢体会，再细细回味，这是整个参观最后的，也是不可或缺的一个环节。

在社会文明的进程中，博物馆能量的释放已经影响到社会教化和文明，关系到社会的和谐与公众的教养。正因为有了公众的文化依赖，博物馆才成为城市的地标。

2016 年 3 月 11 日

↑ 法国卢浮宫博物馆分馆
↑ 荷兰阿姆斯特丹电影博物馆

↑法国 LV 基金会博物馆
↑德国慕尼黑巴伐利亚国家绘画收藏馆老馆

要美术馆干什么？

从贵州美术馆开工到开馆，我来过三次，可以说是见证了美术馆建设的整个过程，印象深刻。贵州人终于有了值得骄傲的自己的美术馆，这是一个可喜可贺的开端。中国的美术博物馆在全球起步较晚，贵州又属于全国起步较晚的省份，因此，对比目前著名的美术博物馆，贵州美术馆的未来还有很长的路要走。

有件事一直让我印象很深：当年我在中国美术馆任职期间，某天，某晚报的一位记者给我电话，说要采访我。我请她到中国美术馆来，她问我美术馆在哪里。我感到很奇怪，怎么会有跑文化的记者不知道美术馆在哪里？故问她有没有来过美术馆，她说没有。那么，她有可能是刚到北京工作的外地大学生？我就问她是哪一所大学毕业的，她说是北京某大学毕业的。听到此，我感到愕然，就对她说，你不用来了。后来，我发现北京的大学生没有来过中国美术馆的并不是个别，而是普遍现象。2007年，"美国艺术三百年"展览在中国美术馆展出，由渤海银行赞助，中国美术馆邀请了北京、天津的10万名大学生参观该展览，这之中绝大多数的学生也是第

中国美术馆

一次踏入中国美术馆。大学生与美术馆的关系尚且如此，一般公众就可想而知了。如今，几乎全世界都知道中国已经进入美术馆、博物馆建设的高峰期，美术馆的事业也越来越为国际美术博物馆界所关注。这种现实中的关系能为现实中的建设做何种论证，可能还不容乐观。像深圳这样的新兴城市，已有的3座公立美术馆都有10年以上的历史，像中等规模城市宁波，甚至县级市常熟都有了像样的美术馆，足以说明美术馆的事业与当代中国社会的关系。因此，我们有必要设问——要美术馆干什么？

公立美术馆被定性为公益性的文化事业单位，这种公益性的文化关怀是否能够被公众感知和享用，应该成为考量公益性文化事业单位的一个标准。美术馆不是装饰城市的被供奉起来的花瓶，而是承担着教育功能、公众经常光顾的文化殿堂。在发达国家,美术馆之所以成为城市的基本文化设施,是因为有公众的需求,因此,一座城市有各种各样的美术馆、博物馆。而在发展中国家,美术馆的建设则标志了发展的成就,所以,竞相建设美术馆、博物馆从某种程度上是为了显示建设的成就和城市的文明水准。我看到有这样一个统计:中国的博物馆位列各国博物馆总数排名的第二位。但我不知道这个根据到底是什么,事实上,博物馆的发展很难用数量去衡量。比如,柏林不大,却有那么多的博物馆;阿姆斯特丹很小,也有那么多的博物馆;而中国,除一线城市外,二三线城市中没有几家博物馆。中国有30多个省级行政区,每个省级行政区建设一个省级博物馆,总数就有30多个,每个省级行政区有两个省级博物馆,总数就有60多个。可能是这样一个数字使得目前有这样一个判断。特别是一些民营馆,相当一部分是挂个牌子就成了"美术馆""博物馆"。

我在国家博物馆工作之前,曾经在中国美术馆工作。当时招聘前来报考的大学生,都是招文科生、艺术生或者学艺术管理的。我印象中一个女孩来考,她在北京读了四年大学,我就问她一个问题:"你四年中来过几次美术馆?"她说:"我没有来过。"这就说明一个问题:美术馆在我们的公众印象中只是一个象征,即使是在相关专业的人群中,也并没有成为生活的必需。如何解决这个问题,是我们所面临的挑战,也是我们需要做的工作。因此,贵州美术馆另一个工作重点应放在如何更好地为公众服务上。要转变观念,不仅仅将美术馆作为一个展览空间或展览场所。对现代美术馆来说，展览固然是重要功能，而从各方面做好公众服务更为重要，包括为公众提供休闲服务的功能，也是检验现代美术馆为公众服务的水平和基本态度的一个重要指标。来到贵州美术馆的人，或为了获得知识，或为了获得美的享受，或为了在一个文化艺术氛围浓厚的地方休憩。因此，如何做好公众服务，将美术馆的多方面功能最大程度发挥出来，是未来贵州美术馆将要专注探索的重要课题。

有时我会感叹，虽然我所服务的中国国家博物馆有着庞大的观众数量，但客观来说，参观人群中多数是来北京旅游的游客。阿姆斯特丹只有20多万人，荷兰国家博物馆每年的观众量却达到百万以上，相比较有几千万人口的北京，国家博物馆的观众量还有大幅的提升空间，关键是如何吸引城市中的公众，特别是我们对于大学生的影响力、辐射力还不是很强。贵州美术馆也是如此，应该和周边的中小学、大学建立联系，因为如果一家美术馆在城市、周边不能有一定的影响力，就不可能影响到更广阔的地区和更大范围内的人群。

我认为美术馆、博物馆应该成为城市中伴随着一个人成长的地方。设想一个孩子来到博物馆，能够接受文明的教育，看到我们文明所创造的丰富的成果，他会留下深刻的记忆。有了孩子后，他会给自己的孩子讲述当年父母怎么来这里看这些历史文化的遗存。这种周而复始的过程是伴随着人类的发展而递进的，是非常美妙的。美术馆、博物馆这类文化的空间，可以见证一个人的成长和一个社

贵州美术馆

会的发展，能够见证整个人类文明的传承。在世界上很多艺术博物馆中，有的艺术品几十年不变地放在那里，人们像叙述历史故事一样讲十几年前、二十年前自己的观感，这是艺术博物馆的独特魅力。所以，在国家博物馆里要有长期的陈列，也要有临时性的展览。未来贵州美术馆不应当仅仅实现简单的展览功能，还要完善收藏、研究等多方面的功能，应该有独立的空间专门展示近百年或者更久远的贵州美术发展历史及文化脉络，让普通公众能够在贵州美术馆了解贵州美术的发展历程，能欣赏到从古代到近现代再到当代的贵州美术作品及相关文化成果。这将是一项长期的、艰巨的工作，要在未来很长一段时间内坚持不懈地做下去。

　　还有些重要的问题：怎样把展览做好？怎样收藏镇馆之宝？这对贵州美术馆来说很重要。中国国家博物馆的发展状况对于很多美术馆而言是无法复制的，国家博物馆地处天安门，自然有很多观众。而对于很多省级博物馆来说，如果不能在周边形成影响力的话，它的观众来源就是问题。我经常在外地看到一些博物馆、美术馆门可罗雀，这是对文化资源的极大浪费，这个浪费源于我们教育上的问题，因为中国目前还没有形成进入美术馆的习惯或者说传统。所以，现在要慢慢地引导孩子们走进美术馆，走进自己周边的美术馆。美术馆见证一些观众的成长，同时这些观众又会见证美术馆的成长。在中国国家博物馆建馆 100 周年的时候，很多老人用他们不断走进国家博物馆的经历告诉我们，他们是如何见证博物馆成长的，因为

宁夏银川韩美林艺术馆

博物馆的成长也就是国家的成长。贵州美术馆未来也要不懈地发挥和推动公众服务和公众教育功能，培养越来越多的孩子成为"见证者"，让他们见证贵州美术馆的成长，也让贵州美术馆伴随他们成长。

习近平总书记提出，博物馆建设不要"千馆一面"。如今，贵州美术馆已开馆，艺术交流展示的平台已搭建。在充分利用好这个平台，做好展示、收藏、研究、公众服务、对外交流等一系列功能的建设，做好专业人才的培养，尽快探索出一条符合贵州美术特色的发展道路等方面，任重而道远。

2016年8月31日，贵州美术馆正式动工。2016年11月到2017年3月，作者先后两次前往建设中的贵州美术馆工地。2017年9月1日，作者又一次到贵州美术馆，见证贵州省首个省级美术馆开馆。在开馆仪式上，作者接受了《贵州都市报》记者采访，本文据采访稿整理而成。

↑ 深圳美术馆
↑ 深圳当代艺术馆

美在博物馆

中国的博物馆很多，但是，其实很多人并不了解博物馆，包括其从业人员在内。

博物馆与当代文明的关系非常密切，它标志着社会文明的进步与发展，连接着公众的文化需求，成为社会和公众的文化依赖，这就是其魅力之所在。

在很多场合，我特别强调，公众对于博物馆的依赖程度是博物馆存在的基础。昨天在关山月美术馆开幕的是一个非常重要的展览，在全国属于一流水平，这就是"展卷图新——20世纪50年代中国画长卷中的时代图景"。如果市民都不去看，这个展览再好又有什么意义呢？

在很长一段时间，深圳有很多展览与公众脱节，由少数策展人自娱自乐，与公众没有多大关系，没有存在的必要。其实博物馆与公众的联系非常重要，因为公众有这种文化需求和文化依赖。周末休息的时候，父母带着孩子去博物馆看看，这就是一种文化依赖。文化依赖是博物馆培养公众的一个很重要的内容。博物馆的魅力就在于给城市奠定了一个文化地基,是城市的文化窗口。

在博物馆的实体建筑中陈列的每件文物和艺术品都关乎历史与艺术,关乎这座城市的历史渊源。可以说,博物馆是文物和艺术品的家,是供人们瞻仰的殿堂,有了它,文物和艺术品才有了特别的尊严。我要特别解释的是,文物的尊严是通过博物馆来呈现的。在博物馆这一事物诞生三百年来的历史长河中,文物或者艺术品过去只是珍藏于私人家中,有了博物馆才能为公众所共享,成为公众视线中的珍宝,才附加了一种特别的尊严。

博物馆的典藏是历史累积的过程,历经几代人,甚至十几代人。一个家庭或一个家族长年累月积聚的藏品,正是博物馆生存的重要基础。不断变换的展览给公众提供了不同的享受,某个展览甚至会成为几代人的共同记忆。今天在关山月美术馆能够看到关山月的《山村跃进图》、北京画院集体创作的《首都之春》、黎雄才的《武汉防汛图》等。我每次看到这些作品都有新的感受,我也不断地和同道、学生、朋友分享这些经典之作所表现的特别内容,这些作品也许会成为我们终身探寻的目标。我刚刚提到的这三幅画,我一直在努力探究它内在的密码、它的文化内涵以及它所关联的历史。

到博物馆参观,我们除了获得知识,还可以感受到一种特别的文化气息,它吸引着我们不断地走近它。哪怕是在这里喝一杯咖啡,或者喝一杯茶,都能体会到一种特别的味道。考察一个博物馆的好坏有几项指标,不只是看它的藏品和展览,有时候可能还要看它的咖啡厅、书店。可以肯定,世界一流的博物馆中一定有世界一流的咖啡厅,一定有这个城市中最好的餐厅,而且很多博物馆都把最好的景观留给为公众服务的餐厅和咖啡厅。

随着时间的流逝,很多事物都会发生变化,但是,在那里曾经见过的许多文物和艺术品还在那里。比如卢浮宫的《蒙娜·丽莎》就一直放在那里,几代人都去看,收获却各不相同。

博物馆与国家的关系

只有国家强大,才有博物馆的强大,才有国家文化的强大。只有博物馆强大,才有强大的国家文化。博物馆作为保存和展示文明成果的公共服务机构,其收藏和国家文化有着紧密的关联。比如深圳博物馆,就是代表深圳市政府和深圳市人民典藏重要历史文物和艺术品的地方。在世界上很多的国家博物馆中,都有着与这个国家历史和文明相关的诸多珍藏,包括独一无二的藏品。

在世界博物馆体系当中,英国牛津大学阿什莫林博物馆的历史最悠久。这座博物馆之所以能够存在几百年,是因为当年阿什莫林将私人收藏全部捐献给了牛津大学,牛津大学专门建了这个场馆,让公众来分享。这座公共博物馆经过不断改扩建,尽管门很小,但是其内部空间以及格局、展品,在世界诸多著名博物馆中都是一道独特的景观,在博物馆历史研究中具有重要意义。这座博物馆还珍藏有很多中国艺术品。大英博物馆也是接受捐赠才建成的一家国家博物馆。

我要特别讲讲埃及国家博物馆。由法国人设计的埃及国家博物馆珍藏着从古埃及法老时代到公元5—6世纪罗马统治时代的珍贵文物，总体数量不多，只有10余万件，同中国国家博物馆106万件文物相比有很大差距，可是它的每件文物的独特性和重要性都是一般博物馆望尘莫及的。1902年，埃及国家博物馆就已经迁入现址，从开馆之后就好像没有改变过。这座非洲大陆上最大的博物馆，是全世界国家博物馆中极少几家没有空调的，野猫甚至可以在馆中随处行走。前几年，埃及社会动荡，离埃及国家博物馆不远处的一些建筑被烧毁，博物馆受到严重冲击，至今没有恢复原样。这座博物馆最让我吃惊的是，馆长办公室居然只有15平方米左右，像是一个门房，这也是我所见到最小的国家博物馆馆长办公室。埃及国家博物馆展出的内容令人惊叹，我们从中可以了解到古埃及悠久的历史。可是，这座国家博物馆既没有商店，又没有餐厅，想喝一口水都找不到地方。每天参观的人非常少，大概只有1000人。它的场馆规模还停留在100多年前刚刚落成的时候，而100多年前它在世界上就已经是具有相当规模的大馆了。

中国国家博物馆见证了20世纪中国社会发展的全过程。1912年，在教育总长蔡元培的提议下，民国政府开始筹备国立历史博物馆。6年之后，国立历史博物馆筹备处迁到故宫端门和午门之间，有了一个能够展览陈列的场所。当时很多文物和艺术品就是用最简陋的方式陈列在那里供人们观览。开馆第一天，北京万人空巷。有了国立历史博物馆，很多民众第一次走进了紫禁城，当时的盛况被记载在历史中。1959年,在天安门广场东侧,人民大会堂的对面,中华人民共和国建立了国家级的革命博物馆和历史博物馆,成为国家和城市重要的文化中心。

从外观上看,革命博物馆、历史博物馆和人民大会堂对称,但建成初期,人民大会堂有17万平方米,革命博物馆和历史博物馆两个馆加起来只有7万平方米,内部是空的。周恩来总理曾说,现在天安门广场的"肩膀"一边高一边低,等国家发展之后要解决这个问题。2003年,经党中央国务院批准,原来的革命博物馆和历史博物馆合并为中国国家博物馆。2007年,经过国务院批准,国家花重金打造了一个现代化的国家博物馆,建筑面积19.8万平方米,是世界上最大的博物馆。设施功能完备,有40个展厅,其中中央大厅是全世界博物馆中面积最大的展厅,还有一个能容纳800人的剧院,以及非常好的演播室。

可以用三句话来概括中国国家博物馆的属性:第一,它是中华文化的祠堂和祖庙;第二,它是中国梦的发源地(2012年11月29日,习近平总书记率领中共十八大新当选的中央政治局常委集体参观了中国国家博物馆的"复兴之路"展览,并现场发表"实现中华民族伟大复兴的中国梦"重要讲话);第三,它是首都北京的"城市客厅"。

博物馆与文化

现在有很多重要的国务活动放在国家博物馆举行,包括今年中美高层磋商。很多活动本来跟国家博物馆没有关联,也安排在国家博物馆,因为博物馆是一个城市的重要地标。博物馆同各种文化都有很强的关联性,彼此融会贯通、交流互鉴,有利于博物馆自身的提升。

博物馆文化在人文科学方面有其独立的意义和价值。人文科学范围非常广泛,博物馆、图书馆、美术馆这些向公众开放的机构都有不同内容,其中博物馆最为特殊。深圳的博物馆每年就有 100 万参观者。博物馆文化是历史与艺术发展历程的综合,是连接社会和公众的纽带。它的文化魅力,决定了它的社会影响和地位,影响到公众的热情和判断,关系到社会整体的文化形象。很多中国游客到巴黎一定会去卢浮宫,估计那里三分之二的游客都是中国人。卢浮宫现在很重视中国观众,许多指路牌都有中文标示。

博物馆文化是博物馆的核心内容,是建立博物馆学体系的主轴。博物馆人积聚智慧、开拓创新,塑造博物馆文化,扩大博物馆社会影响,以期让更多的公众走进博物馆。博物馆的自身文化决定了博物馆的价值和基础。

博物馆与公众

在很长时间里，中国的博物馆忽视了公众问题。博物馆有一个重要的组成因素就是公众，没有公众参与的博物馆就没有存在的基础和价值。博物馆因为公众的参与而获得更多的内容，博物馆因为公众而精彩。博物馆的主体是公众，博物馆要千方百计地吸引公众、培养公众、引导公众。博物馆所关联的公众有着不同的构成要素，比如年龄、性别、学历、兴趣、爱好，以及专业或业余、经常来或偶尔来等，这些关键词表明，博物馆需要研究公众的差异性，这应该是博物馆努力的方向。

美在博物馆建筑

博物馆首先是美在建筑。建筑是博物馆的安身立命之所，是博物馆存在的前提，没有馆舍就没有博物馆。博物馆的建筑不同于一般的公共建筑，它有专业方面的需求和要求。

博物馆建筑从利用旧建筑到建设新建筑，反映了博物馆发展的历程。在社会发展过程当中，无论是新建一座博物馆，还是改造一座旧建筑使之成为博物馆，都跟社会发展历程有很大关系。现在的中国国家博物馆就是新旧结合的产物，其中三面保持了 1959 年建筑物原样。为什么保持原样？很多人不理解。在和德国设计师讨论方案的过程中，我们坚持这个意见，就是要保留中国人民对于天安门广场的历史记忆，从而使得国家博物馆能够很好地维护公众对首都北京的历史记忆。

博物馆建筑的个性化容易造就城市地标，譬如深圳市民广场和即将落成的当代艺术馆等建筑设计都很独特，可能成为城市地标。因此，建筑师们不遗余力地设计出不同于一般的博物馆，希望通过建筑的形式呈现出博物馆的美。

博物馆建筑的公共空间要以人为本，以公众为核心。比如世界上很多博物馆都有衣帽间，而且设计得很独特。以人为本的这些具体内容，也是我们欣赏博物馆之美的重要方面。银行、商场没有衣帽间，但博物馆有。公众去银行和商场，不太会有人要求你把帽子拿下来，也不需要你把大衣、包存起来，但博物馆不能带包，不能

荷兰鹿特丹博伊曼斯·范伯宁恩美术馆专门为观众设计的存衣处

喝水，它有很多"不许"的内容，正是这些"不许"的内容构成了博物馆的价值观。在博物馆价值观的基础上诞生的博物馆建筑，正体现了博物馆之美。

很多博物馆建筑精心营造了特别的光影关系，有的是人工营造，有的是利用自然。柏林博物馆中的一些建筑，顶棚用的窗帘、外面的景象，都经过精心设计。因此博物馆中特别的空间关系、特别的光影内容，正成为我们今天欣赏博物馆之美的一个重要方面。

建筑最能反映国家的文化形象。世界上很多著名博物馆都与这个国家的文化形象联系在一起。有记者问我最喜欢哪家博物馆，这很难回答，因为很多博物馆都很独特，我都很喜欢。比如我非常喜欢贝聿铭先生设计的日本美秀博物馆，但是综合考量，我还是最喜欢瑞典的瓦萨沉船博物馆（VASA）。这是一栋全新建筑，是因为一条沉船而建造的。瑞典人建造的这座博物馆让我非常震撼和惊叹。这座博物馆中最重要的展品曾经是世界上最大的船，出海不到半个小时就沉下去了，后来经过科学考古把它打捞上来。这座博物馆有很好的内部空间关系，外形有一点像帆船，里面有很多展厅，展示的内容很丰富。

在法国，历届总统离任之后都可以根据自己的理想，由政府建一座博物馆、美术馆或图书馆。凯布朗利博物馆是希拉克总统退休之后建造的。这座博物馆非常独特，底下是空的，很好地维护了生态，规模非常大，非常漂亮。这是全世界博物馆中唯一不分展厅的博物馆，楼上楼下一气呵成；也是唯一把库房和修复室建在中央大

瑞典瓦萨沉船博物馆

厅的博物馆，公众一进博物馆，就能看到几层库房，里面的工作人员在做修复工作。这家博物馆的馆长办公室、餐厅也非常漂亮，要预约才能参观。在这座博物馆的最上面，能够看到近在咫尺的埃菲尔铁塔，博物馆展厅也特别设计了能看到埃菲尔铁塔的窗户。

荷兰博物馆之精彩也是大家想象不到的。大有大的宏伟，小有小的精致，每座博物馆都可以成为一个传奇。阿姆斯特丹市博物馆是新旧结合，新馆看起来像一个浴缸，非常之大。它的隔壁是凡·高博物馆。凡·高博物馆很小，凡·高一辈子画的画数量有限，家属最后把画捐给了荷兰政府，建立了这座凡·高博物馆，油画才300多件。我最大的遗憾就是没有办成凡·高展。2015年是凡·高博物馆新馆改扩建工程完工的一个特殊年份。我们与荷兰政府合作的基础很好，阿姆斯特丹和北京是友好城市，阿姆斯特丹市长到北京来，说要在中国办一个凡·高展览。凡·高博物馆派人考察了北京的场馆，认为在国家博物馆办展览最理想，我们也答应主办。他们提交了20件作品的目录清单，我一看，这个展览没法办。这20件作品目录中既没有《自画像》，也没有《向日葵》，更没有《星空》。凡·高所有的代表作都没有，办这个展览还有意义吗？但凡·高博物馆能借给我们的就是这些。

墨西哥的人类学博物馆，其规模足以让我们感到震撼。玛雅博物馆则很特别，是在玛雅文化的遗址上建立的，是悬空的。

法国蓬皮杜艺术中心非常奇特，它改变了以往人们对博物馆的认识，也颠覆了人们对建筑已有的知识，想不到博物馆还可以这么建。如同一座炼油厂般的奇特外形完全超乎人们的想象。

巴西圣保罗博物馆是一座完全由旧建筑改造而成的博物馆，在这个博物馆中可以看到很多断壁残垣。

英国泰特博物馆的楼梯非常美，很讲究。再看英国国家美术馆的扶手，做得非常精致，极简主义风格。

美国纽约布鲁克林博物馆完全由旧建筑改造，它在大门外加了一个全新的罩子，里面改造了很多部分，这也是我们今天欣赏博物馆建筑的一些特别的部分。英国的肖像博物馆、丹麦的国家博物馆，顶棚做得非常独特，光随时发生着变化。美国大都会艺术博物馆，光线射在雕塑展品上面，看上去非常美。

日本的九州博物馆有两点很独特：第一，福冈是地震多发地区，这座体量巨大的博物馆的独特性就在于它的每根承重柱子下面都有一个巨大的弹簧，是活动的，地震发生时不会倒。第二，它的大堂是少儿教育中心，里面隔了很多小房子，亚洲各国都有自己的区域，展示非物质文化遗产和民间艺术的内容，有很多孩子在里面玩，有各种乐器，非常独特。博物馆就应该是这样的。

中国的省级博物馆几乎都是大同小异，同质化倾向非常严重，缺少世界著名博物馆的那种多元化、多样性特征。但中国的云南省博物馆很独特，与日本九州博物馆有相似之处，也是位于地震带上，建筑的承重柱底下有一个橡胶垫，橡胶垫可以保持一百年不老化。可是，进入这个博物馆之后，你会感觉好像在哪里见过，那是因为这个馆的设计师就是设计广东省博物馆的，所以云南省博物馆和广东省博物馆给人的感觉差不多，连材料都一模一样，这是我们博物馆的悲哀。这个例子绝非个别，它具有普遍性。很多建筑设计师不了解博物馆的独特个性，设计的博物馆很奇怪。

美在博物馆的收藏

博物馆以丰富的收藏而著名。收藏是博物馆的基础，有了收藏才有可能建立博物馆。收藏的多少、好坏等决定了博物馆的规模大小，也决定了博物馆的社会影响力，收藏是博物馆实力的展现。收藏的综合性与专门性决定了博物馆的规模和方向，有什么藏品就有可能是什么类型的博物馆。很多省级博物馆实际上不如改为专题博物馆，它并不具有上下五千年文明或者整个历史的发展脉络，更多可能只是一些专业性内容。

收藏工作是博物馆的一项重要工作，是博物馆的主业。收藏的整理与研究是博物馆专业水平的体现。缺少整理和研究，博物馆就有可能只是库房，而不能成为真正意义上的博物馆。博物馆的收藏是博物馆展览的基础，是博物馆重要的展览资源。运用藏品是博物馆的重要职能，具有学术内涵的运用是博物馆业务能力的表现。

将藏品通过展览的形式来与公众交流，不仅为博物馆带来生机，还为藏品延长了生命。藏品的保护与修复也是一种责任，修复是义务。

博物馆藏品的来源大致有这几个方面：捐赠、征集、调拨、购藏。

美在博物馆的展览

展览是博物馆综合实力的呈现方式，是流动的血脉，是精气神的集中体现。

展览是整理、研究馆藏的具体成果，展览的策展水平是博物馆学术水平的体现。展览的学术内涵、主题的学术含量、展览设计的水平、布展的能力、媒体和文宣推广的协力、文创产品的开发、公共教育的开展，表现为一个整体的关系。

展览主题的确立——学术性、独特性、前沿性、可能性——是策展必须要考虑的基本问题。博物馆的展览一般有两种类型：一种是基于藏品的专题展,一种是临时性展览。中国的博物馆和国外的博物馆在展览方面存在差距。中国国家博物馆每年平均办 40 个展览,是全世界国家博物馆中数量最多的;每年 4—6 个和国外博物馆的合作交流展,也是全世界最多的。为什么多?因为我们要千方百计吸引公众。我们要不断地变换展览,用新的丰富的内容吸引公众。比如世博会,上海举办过世博会,2015 年米兰也举办过世博会,不同之处就在于文化差异。因为米兰和达·芬奇渊源颇深,米兰有达·芬奇的《最后的晚餐》,并存有大量达·芬奇遗作。围绕世博会,米兰市政府举办了迄今为止最大规模的达·芬奇展,他们把能借到的达·芬奇的画全部借来了。

美在博物馆的教育

博物馆的教育是如今比较重视的问题。北京市政府倡议,中小学生每年必须进一次国家博物馆和首都博物馆。所以,现在在全世界博物馆中,中国国家博物馆里的中小学生最多。

博物馆不是专门的教育机构,但是,在教育方面有着特别的作用,是"不是学校的学校""不是课堂的课堂"。教育是博物馆的一项重要职能,也是容易被忽视的一项工作。博物馆的教育依托于博物馆的各项业务职能,与藏品、展览等发生关联,因此,博物馆的教育是展览的延伸。

博物馆的教育不受受众年龄、学籍、学历的限制。博物馆的教

荷兰阿姆斯特丹市美术馆设立了乐高玩具专区

育方式是多元的、流动的、开放的,是学历教育的补充。

阿根廷国家美术馆是世界上少有的能为盲人服务的专门机构,有专门的盲人老师。在这里,盲人用自己的手感触雕塑作品的细节,伴随着老师的讲解,他们获得了用眼观看之外的内容。

美在博物馆的研究

博物馆的研究不同于一般科研机构的研究,是以藏品为主,带有博物馆特性的研究。它研究博物馆藏品的相关信息和承前启后的相互关系。它可能是以文物串联的通史的研究,也有可能是断代史的研究;有可能是分类的研究,也有可能是专题的研究;有可能偏重历史，也有可能偏重艺术；有可能偏重内容，也有可能偏重材质；有可能偏重工艺，也可能偏重图案。正因为这种研究的特性，所以其成果能够反哺于展览等其他业务工作，包括文创产品的开发等。

博物馆的研究具有系统性、综合性、特殊性的特点，博物馆的研究能力和水平是博物馆专业实力的表现。博物馆研究成果最重要的表现方式是展览，因此，研究与展览的关联性也体现了博物馆研究工作的特点。

博物馆内的很多藏品、展览都是通过研究而实现价值的，博物馆也可把研究的过程呈现给观众。比如意大利米兰布雷拉美术馆就把博物馆和研究相关的修复搬到了展厅，巨大的机器不是设置在博物馆的修复室，而是在博物馆的展厅，专业人员就在展厅内做研究、修复，这也是这个博物馆独特的一项内容。

美术馆里面还可以有图书馆。意大利米兰昂布罗休美术馆是世界上最早建立图书馆的美术馆，里面珍藏有上万件达·芬奇手稿。

美在博物馆的商店

公众是博物馆的主体，是博物馆重要的构成，与博物馆互为依存。博物馆对公众开放的部分要以公众为核心，而公众对博物馆有不同的需求，博物馆要千方百计地满足这种多样化需求。一般而言，博物馆内都有规模不等的商店，出售的都是与博物馆相关的商品，这些商品或者称为纪念品，或者称为衍生品。

基于为公众服务的理念，为了让观众能够把参观后对博物馆、展览、展品的记忆带回家，博物馆通常会把馆藏的最有代表性的藏品，或具有一定代表性的景观、符号，制作成不同品类的纪念品，也会适时地根据展览或展品，制作能够反映展览特点的纪念品。这就是把博物馆带回家，把参观博物馆的美好心情带回家。这些博物馆的纪念品，都会成为未来对博物馆的美好回忆。

所以，博物馆大都有内容很丰富的商店，品种琳琅满目。它是博物馆展厅之外的独特景观，是参观之余的放松与选择。

美在博物馆的休闲

过去常讲博物馆具有教育审美功能，很少谈到博物馆的休闲功能。在世界博物馆发展潮流中，休闲功能越来越受到世界关注。法国巴黎凯布朗利博物馆楼顶上的餐厅、奥赛博物馆楼梯底下的小咖啡厅，都是非常有意境和情调的场所。

荷兰阿姆斯特丹电影博物馆就把休闲功能发挥到了极致，让人们感受到博物馆独特的文化情怀。它是世界上最大的电影博物馆，珍藏有电影资料、电影海报，还有涉及电影的很多内容，可是，这里每年有三分之二的观众不是来看展览，也不是来看电影，而是到这里来吃饭和喝咖啡。它面对着运河，有城市最好的景观，设计也很独特，有很多阶梯。进入博物馆之后所看到的巨大的大堂，实际

法国巴黎铸币博物馆内楼梯扶手上的盲文提示

上就是一个大的餐厅，一直延伸到户外。

去博物馆可以看展览，可以学习历史，可以欣赏艺术，也可以只为了休闲和消费，消费在博物馆的时光，享受那里的空间和氛围，品尝美食与饮品。可以一个人发呆，也可以和朋友约会；可以为历史和艺术，也可以为爱情和友情。以休闲为目的的任性的博物馆之行，在现代社会的快节奏中，会以一种巨大的反差而使人得到一场安静的小憩，与历史文物和珍贵的艺术品同处于一个屋檐下，正好像探寻博物馆奇妙夜一样，休闲的乐趣发生在博物馆，同样是一种特别的体验。

美国洛杉矶宝尔博物馆专门附设儿童游乐专馆

在博物馆拍照

顺带说一下在博物馆拍照的问题。这个问题在中国很特别，感觉有很多人是为了拍照而去博物馆的。中国国家博物馆 2010 年开馆之初不许拍照，很多人说全世界博物馆都可以拍照，为什么中国国家博物馆不能拍照？迫于社会压力，后来允许拍照了，这带来很多问题。2014 年，中法建交 50 周年，我们借了法国巴黎 5 家博物馆 8 位大师的 10 张名画举办了一个特别的展览。如果法国艺术史由 100 件作品构成，这 10 件作品一定位列其中。可是，开幕第一天，有一位观众在前面拍照，挡住了后面的人，后面的人手一挥，把手机打落在画框上，还好没有打在画上。第二天，我们就宣布这个展厅不许拍照。

实际上，全世界不许拍照的博物馆也不少，著名的有埃及国家博物馆和法国的奥赛博物馆。我认为社会公众不能过多地左右博物馆的专业管理，每个博物馆应该基于自己的专业特点决定能不能拍照。

从观众的角度考虑，进入博物馆本就不容易，尤其是进入中国国家博物馆更不容易，要排很长时间的队。机会和时间都很重要，希望大家参观博物馆时要珍惜这种机会和时间，把更多时间花在欣赏展览和作品上，不要一味地拍照，许多博物馆的官方网站上都是有展品图片的。即使拍照也要讲公德，不能影响别人。

本文根据2016年7月24日在深圳市民大讲堂所做"博物馆建筑之美"演讲的录音整理而成。

↑美国芝加哥艺术博物馆在一个过道上设立了可以触摸展品的展区，标签是盲文
↑英国 V&A 博物馆中的观众休息区

博物馆的建筑之美

博物馆建筑

若干年前，像天津这样的城市还没有现在这样成片的博物馆区域，也没有这么大的场馆。我想天津和全中国、全世界一样，博物馆的建设与发展正面临一个前所未有的时机。正因为有了政府的重视和投入，我们才有这样一个"高大上"的博物馆。博物馆用不断变化的展览，服务于公众，服务于社会，使公众在自己生活的城市能够享受到公共文化的成果，享受到多年来博物馆人在发展专业方面的努力。

大家对博物馆都比较熟悉，但是，博物馆究竟是什么？应该怎么给博物馆定位？可能很多人并不清楚。这是需要大家去思考、去认识的一个基本问题。对于博物馆来说，无论它所处何处，都在这个城市有特别的定位。拿中国国家博物馆来说，位于天安门广场东侧的中国国家博物馆就是中华文化的祠堂和祖庙。拿天津博物馆来说,天津博物馆的区域性,涵盖了天津历史文化等很多方面,是这座城市历史记忆的承载和积累。对于天津这座城市来说,博物馆、美术馆是什么?博物馆、美术馆是这座城市的客厅。所谓"城市客厅",就和我们进了家先去客厅一样,一家人都聚集在客厅,谈家常,谈各种事。博物馆、美术馆就是我们每一位公民共享的客厅,大家到博物馆来,看历史的演变和发展,看文化建设的成果,欣赏历史和艺术的最重要的代表作和它发展中的各类作品。因此,我们的博物馆就承担着特别的使命。

  天津美术馆实际上是一个专业美术博物馆,而关于博物馆建筑之美,首先是从认识博物馆开始的。我们认识这座博物馆,知道这座博物馆与这座城市的关系,就能理解博物馆存在的重要性。所以,在这个城市的客厅中,博物馆所承担的义务和责任,是努力地营造好的公共文化氛围,努力建设好公共文化事业单位。所以,博物馆离我们每一位公众越来越近,离我们的生活越来越近。博物馆不仅是青少年的第二课堂,也是成年人的终生课堂,因为在这里我们能了解中华文明,了解我们自己的历史和人民的创造精神,在这里我们能享受各类艺术杰作的感染力,能够感悟艺术家创造的精神。所以,博物馆在各国都是城市的名片和文化窗口,是城市文化形象的制高点。那么,我们就要来看看建筑师们是怎样营造这样一个客厅和文化形象窗口的。

  在世界各国建筑中,博物馆建筑都以其独特性区别于一般意义上的居住或生活空间。博物馆建筑的特殊性在哪里呢?基于展示等属于博物馆专业要求的功用目的，基于展品、展示及其特殊的空间要求，博物馆建筑比一般的建筑更富有艺术气质，更具有文化情怀，所以，博物馆的建筑设计师要比一般的公共建筑设计师更加具有想象力。这里要特别说明的是，城市和公众对博物馆建筑的期待，以及给予博物馆建筑的宽容，让我们的建筑师能放开手脚，大胆地设计一座城市中的博物馆。显然，博物馆建筑的独特性不仅在于它的造型，也不仅在于它满足实际需要的公共的空间，更重要的是它的文化品位与这座城市的关系。毫无疑问，博物馆建筑的特殊性使得世界上很多大城市中的博物馆都成为地标建筑，所以，博物馆建筑越来越受到建筑师们的关注，建筑师们倾心对待自己的发挥空间，像对待一张白纸一样去创造一个独特的建筑。公众也希望自己的城市有一座不同于其他城市的博物馆。这座城市的博物馆建筑以其独特性，表现出了这座城市独特的魅力。城市的魅力当然有很多方面，公众是最重要的一个方面，公众的文化诉求和文化素质，都反映在这座城市当中。博物馆建筑所表现出来的与公众的关系，成为公众所期待、所依赖的一个重要的文化对象。因此，博物馆的建筑越来越受到广泛关注。当然，和每一座建筑所具有的共同特征一样，博物馆建筑空间给我们的感受、它的舒适度以及在功用上的表现，都是我们衡量一座博物馆建筑的基本标准。

博物馆建筑的空间关系，通常可以概括为两个方面：一种是公共关系，一种是专业关系。公共关系就是公共空间的营造，以及公共空间所给予观众最直观的感受；专业关系则表现为博物馆在收藏、展示、公共教育、学术研究与交流等多方面对于实际功用的要求。大家都知道,和一般的建筑不一样,在博物馆的建筑空间中,有一个服务于公众的、巨大的、由若干个展厅所构成的公共空间,但也有不对公众开放的面积很大的专业库房,它们都有着专业空间的属性,这是在其他像商场、银行等公共建筑中所没有的。在博物馆的专业空间中有很多专业方面的要求。基于设计师不同的理念,以及博物馆管理者的不同认知和追求,对于这种专业的空间是否能对公众开放,公众是否有权利进入专业空间中去的问题,每个馆的态度是不一样的。有些博物馆专门为公众营造了一个博物馆的专业空间,这个专业空间允许公众进入参观,公众可以从中了解博物馆最基本的专业工作性质和专业工作范围。像巴黎的凯布朗利博物馆,它的大厅里就有一个巨大的封闭空间,虽然公众不能进入其中,但可以透过玻璃看到里面的库藏。显然,设计师的目的是想让公众了解在其他博物馆看不到的内容,于是把过去与公众隔绝的库房搬到了公众的视线前。人们一进门就能看到这里馆藏的非洲的艺术品,还可以看到工作人员在里面的活动。这样一个特殊的专业空间出现在博物馆最重要的中心部位,出乎很多人的想象。也有像日本的九州博物馆这样的,它的主要公共空间的入口中心位置上是对青少年进行教育的特殊空间,里面有与亚洲各国的历史、艺术和风土人情相关的制作以及展示,孩子们在其中可以进行各种体验。

　　博物馆空间的丰富性和多样性,因博物馆的建造者及设计师对空间的把握与要求不同,呈现出多样的专业形态。在多样的专业形态中，像展厅这样最为普遍、最为基础的空间也会各有不同。有日本东京新美术馆那样巨无霸式的美术馆空间，使用等量均分的方法分出了若干展厅，当然在布置具体的展览时，他们会根据需要重新分割展厅；也有法国巴黎凯布朗利博物馆那样的展示空间，根本不分展厅，是世界上唯一一座在单层巨大空间中不分展厅的博物馆，没有墙的分割，只有展览的不同。其他诸如美国纽约的古根海姆美术馆、瑞典的瓦萨沉船博物馆，其空间都各不相同并各有特色。

基础展示空间的差异性，为我们打开了认知博物馆的一个特别窗口。因为空间的不同，在一定程度上会影响到未来的展览方式。凯布朗利博物馆没有展厅的分割，就是一个非常开放的展览格局。而那些有空间分割的展览，会以区域的展板为主体来分割，形成各自的单元。所以，不管是专业空间，还是公共空间，在各种专业关系中都离不开对于基本功用的要求。

在博物馆公共空间当中，可能还会有一些大家没有注意到的细节，它们都是和博物馆紧密相连的。比如进入博物馆大厅之后，一般都会有一个常设的衣帽间。在博物馆空间中，除了售票处、检票处，还有一些很特别的服务，如母婴室，让妈妈享有专门的哺乳空间。当然，博物馆还有一些其他专业方面的要求，体现出博物馆建筑的特殊性。正因为这种特殊性，设计师们必须充分考虑这些功用的要求，使这些空间在未来的实际运作过程中发挥作用。这也是我们博物馆界近年来反复提倡的、努力建设的公共文化服务体系的问题。博物馆的公共文化服务体系既有专业方面的要求，又有空间方面的要求。如果我们没有这样的空间，那就很难做到很好地为公众服务。有了专业空间的专门设计，就有了服务的可能性；有了专业空间的专门服务，就能更好地为公众服务，就能创造更多的为公众服务的内容。

上面谈到了博物馆建筑空间的两种关系，下面接着讲一讲博物馆建筑的三种类型。

博物馆建筑千奇百怪，各有不同，没有定律，但大致可以分为三种类型。第一种是由旧建筑改造而成的。像卢浮宫、大都会艺术博物馆、大英博物馆等，都是由老建筑改造而成的。只有一百多年建筑历史的巴黎奥赛博物馆，是由1900年巴黎世博会场馆之一的巴黎火车站改造而成的。改造旧建筑是博物馆建设中的重要方面，有一定历史的城市往往会遗留一些特别的旧建筑，这些旧建筑作为人类文化遗产，作为城市的记忆，得到社会的尊重，也得到公众的尊重。充分利用它，就是古为今用。在很多城市都能找到这样的案例：美国旧金山的亚洲博物馆，是由过去的国会图书馆改造而成的；北京前门的铁道博物馆，是由民国时期的前门火车站改造而成的，是受保护的历史建筑。

第二种方式是新建，这也是近年来普遍采用的一种方式，一般都是在新兴城市出现。中华人民共和国成立后，1959年位于天安门广场东侧的革命博物馆和历史博物馆相继落成，这就是新建的博物馆。天津美术馆也是平地而起的新馆。世界各地有很多新馆，如法国的凯布朗利博物馆、瑞典的瓦萨沉船博物馆、日本的美秀博物馆、墨西哥的人类学博物馆以及法国的卢浮宫分馆等。在改建和新建两种类型中，新建的博物馆占多数。尤其在中国，除了一些小型博物馆是利用原址旧建筑改造而成的，绝大多数国家级和省级博物馆、美术馆都是新起的建筑，如北京的首都博物馆、西安的陕西历史博物馆、太原的山西博物院、上海博物馆等。今天在中国所看到的气势恢宏的各类博物馆，绝大多数都是新的设计、新的建筑。

当然，在这两种类型的建筑之外，还有新旧结合的第三种类型。在全世界的博物馆中，新旧结合的博物馆不在少数，比如荷兰阿姆斯特丹美术馆就是新旧结合的典范，其他还有如美国芝加哥美术馆、波士顿美术馆等。我们所看到的纽约大都会艺术博物馆并不是完全的旧建筑，而是不断扩建的结果。只是因为它的体量巨大，人们置身其中很难发现它的新旧结合之处。新旧结合是因为旧建筑的空间不能满足展览需求而通过新的建筑来满足。这种新旧结合在建筑上的难度要高于纯改造或纯新建，因为新与旧之间的协调是一个难题，尤其是在新旧之间的连接上，如何做到天衣无缝而又显现出特别的魅力，是颇费思量的。

影响博物馆建筑空间和审美的因素是多方面的。对于博物馆建筑的改造，在全世界存在巨大的分歧。以德国柏林博物馆岛上的几座博物馆为例。大家知道柏林在二战时遭到战争的摧毁，很多老建筑成了废墟，有的只留存框架和断壁残垣。但是，德国人用独有的智慧和创造的精神，在废墟之上建造了非常好的博物馆。我也提醒大家，以后有机会去柏林，要去看看新美术馆。柏林新美术馆并不是指刚刚建造的美术馆，而是因为它旁边有个老的美术馆，有100多年历史，为了与老美术馆相呼应，就称为新美术馆。柏林的新美术馆在战争时期受到了严重的摧残。我们不得不佩服德国人的精神，经历了战争的摧毁，还能找到建筑的全部原始图纸，在原有图纸的基础上建造了与原先一模一样的博物馆。这个博物馆的高明之处是在将修复过的博物馆以新的面貌呈现在我们面前的时候，不是按原图纸推倒重建，而是非常尊重历史的每一个方面，包括战争的记忆。所以，我们今天去这座博物馆的时候，可以看见窗台上保留了原来建筑上的子弹弹孔，还可以看到这座建筑中保留了仅存的壁画遗迹和博物馆被摧毁之前展厅之间的指示路牌。也就是说，修复这座博物馆的时候，设计师把它仅存的与过去相关的内容，全部作为历史的记忆完整地保留了下来。这就是欣赏这座博物馆建筑的时候，我们所感受到的它不同于其他博物馆的特别之处。

　　建筑师如何尊重已有的文化遗产，特别是如何尊重这个城市中每一位市民的历史记忆，从这一点来说，我们应该向德国人好好学习，不能完全是破旧立新。中国从20世纪40年代后期到50年代，城市建设普遍的做法是推倒重建。城市失去了很多具有悠久历史的街区，也就失去了市民的很多历史记忆。我们往往在完全推倒旧的的基础上建立一个新的城市，我们以新为荣，以新作为发展的成就，却忽视了公民和社会对城市的历史记忆。所以，博物馆建筑的历史担当，其中就包括建筑师对这座城市和这座城市中公民集体记忆的尊重。博物馆建筑承载的文化内涵，不能因为一个空间、一个展览，或博物馆的专业，而失去与公众之间的联系。博物馆往往通过建筑这一载体，去连接社会中的每一位公众及其情感。博物馆建筑的特性，使我们几代人在不同的时间内都能找到属于自己的记忆，都能说出自己与这一建筑之间的故事。

博物馆建筑的文化属性

近年来，我国各地兴建了很多美术馆、博物馆，包括拥有近20万平方米建筑面积的中国国家博物馆这种大体量的博物馆。很多馆建相继完成，还有的正在设计、施工，比如中国国家美术馆。在这一背景下，如何建造代表中国国家文化形象的美术馆和博物馆，这是我们所要面对的一个共同的话题。在座的各位多是美术馆业内的管理人员，各位的观念将直接影响到博物馆的建筑设计以及博物馆建筑的改造和运营。衡量博物馆的成败、得失以及好坏，要从多方面考量，不是一两个方面就可以表述清楚的。我今天所说的，是从博物馆的建筑与空间方面来看博物馆所特有的文化魅力。

关于博物馆的基本历史，大家很清楚，英国牛津大学的阿什莫林博物馆是我们所认为的最早的博物馆，是博物馆发展史的开端。因此，我们可以从梳理牛津大学阿什莫林博物馆开始，看博物馆馆址的选取、改造的历史过程，认识博物馆的建筑与空间的发展。

2012年是中国国家博物馆建馆100周年。这一年，中国文化界有两件值得纪念的大事，其一是中国国家博物馆建馆100周年，其二是上海美专（上海美术专科学校）建校 100 周年。前者开启了中国博物馆的历史，后者开启了中国现代美术教育的历史。这两件事情都和蔡元培的美学思想相关联。中国很多的文化先驱，从 19 世纪后期开始，就关注西方出现的博物馆等公众文化设施，博物馆和美术馆令他们流连忘返，康有为、蔡元培等人都曾去西方考察博物馆。

中华人民共和国成立之后，在天安门广场，与人民大会堂相对的位置上，设立了中国历史博物馆和中国革命博物馆。选取与紫禁城相关联的"左祖右社"这样特殊的传统建筑格局来营造博物馆，在天安门地区建造代表国家文化形象的博物馆建筑，其本身就决定了它的政治地位和文化属性。中华人民共和国成立初期，基于当时国家的政治经济的情况，尤其是经济情况，当时的中国历史博物馆和中国革命博物馆两馆的建筑面积不到 7 万平方米，而对面的人民大会堂则有 16 万平方米。因此，周总理曾经表示"天安门广场地区一个肩膀高，一个肩膀低，这个问题要留给后人来解决"。到了 2003 年，在党中央国务院的直接关怀下，由两馆合并组建了中国国家博物馆，同时把新馆的改扩建工程列为"十一五"国家重大文化建设项目。从 2007 年开始的中国国家博物馆改扩建工程吸引了世界博物馆业的广泛关注，因为毕竟是在中国首都的天安门广场这样一个核心地段进行施工，尤其是博物馆改扩建以后的面貌更是引起了广泛的关注。是像国家大剧院一样建一个全新的博物馆，还是保留天安门地区传统的建筑格局？不仅是在建筑界，包括文化界在内的各界都存在着不同的意见和争论。最后，虽然确定了由德国一家建筑设计公司和中国建筑设计研究院共同投标的设计方案，可是，最终的施工方案与最初的中标方案之间又经历了多次修改，核心是保留老建筑三面原始状态。整个改扩建工程历时近4年才得以完成。

最终方案的最大特点就是保留了原来建筑的南、西、北三面，而把整体建筑往东延伸，这样就维护了天安门地区从中华人民共和国成立以来的一个基本格局。这是一个很重要的问题，因为这个保留是对前人成果的尊重，是对历史的尊重，是对国人欣赏习惯的尊重。改扩建工程完工之后，从2011年3月份开始试运行，到目前为止，全球建筑界对中国国家博物馆的改扩建工程都给予了高度的评价。

从西门进入，可以看到一个全新的中庭，这里有老建筑和新建筑相结合的部分，新建筑保留了老建筑20世纪50年代设计的基本的文化元素。进入新建筑中首先看到的是西大厅，这个大厅从南到北是300米，高度是28米，将近10层楼高。其特殊之处就是用如此体量的大开间以及由高大门窗组成的西立面幕墙，使得人们置身于大厅中间能一眼看到对面的人民英雄纪念碑和人民大会堂。

博物馆的文化属性决定了它不同于一般的建筑。我们可以在世界各地看到很多著名的建筑，但是这些著名的建筑和博物馆建筑还是有着明显的区别。博物馆建筑在一个城市和一个国家中有着特殊的意义和影响力，往往凝聚了国家文化的精华，反映了国家意愿和主流价值观，因此各国对于博物馆的建设给予高度重视。博物馆建筑从立项到选址，再到空间布局的设计，无不反映主流价值观和文化潮流，虽然这些建筑的文化属性会被当下国际化的潮流所消减，然而，一个真正强大的国家文化必将影响博物馆从立项到建筑设计的方方面面。

这里谈到的国际化的潮流对于博物馆建筑的影响，是指包括像中国国家美术馆、国家博物馆在内的很多建筑，其设计方案虽然都是由外国人中标，但是这些建筑的最终中标方案与国家大剧院和中央电视台这些建筑还是有明显的不同。一个国家的文化对于博物馆的建筑有着特别的影响力。在一个具有强大文化的国家里，博物馆应该是一个很特别的建筑。当然，也有一些发展中国家，基于西方文化的强势影响，可能会建一些西方样式的博物馆，可能会与自己的国家文化有一段距离，这是发展中国家共同存在的一个问题，有待我们去研究和解决。

比如说中国国家博物馆的西立面，是 20 世纪 50 年代设计的，它反映了一个国家文化的风貌；美国历史博物馆，是典型的美国风格的建筑；新西兰的奥克兰博物馆，是典型的国家庄严的象征；中国美术馆，也是 50 年代设计的建筑，有浓厚的民族情怀。所以，对博物馆建筑的研究要基于对博物馆历史的认识，最常规的是在已有的建筑基础上来做一些沉淀和延展。

博物馆的改扩建

早期像大英博物馆和牛津大学阿什莫林博物馆，都是为了所受捐赠而兴建的。为了向公众展示成千上万件捐赠，最简单的就是把一座已经存在的建筑改成博物馆，这些早期的博物馆与周边的建筑并没有太大的区别。这些利用旧建筑改造的博物馆，其内部空间充盈着无须造就的天然的历史感，尽管就展示空间而论有许多天生的局限和不足，可是如果能够遮蔽这些不足，将每一点旧的特质转变为新的神奇，那么，与展陈交相辉映的建筑空间，以及空间中的旧的符号和元素，就会具有特别的意义。

英国牛津大学的阿什莫林博物馆、德国柏林的国家艺术画廊、柏林的老博物馆、巴伐利亚国家绘画收藏馆及其新馆、意大利佛罗伦萨的巴杰罗国家博物馆……这些博物馆不管从外部还是从内部都能看出它完全是一个老建筑。

佛罗伦萨伽利略博物馆的建筑是我迄今为止所见到的风光最为独到的，虽然不大，但地理位置得天独厚，置身其中，能把佛罗伦萨沿河老桥的景观尽收眼底。这种由老建筑改造而成的博物馆在意大利比较多，经常能看到由一个宫改造成的一个博物馆。

在现成建筑改造为博物馆的过程中经常遇到的一个问题，就是新老结合的问题。对于许多博物馆来说，改扩建是为了扩大规模或者改善功能。它不同于重建，我们可以看到它明显存在着种种旧的元素。这种新老结合不外乎几种模式：第一种是保持原有风貌的扩展，第二种是考虑到协调性的对比，第三种是完全不考虑旧有风貌而进行新的呈现。就建筑而言，这三种模式，各有其道理。

大多数改扩建会考虑第一种模式，保持它原有的风貌，而在新的空间中做比较大的改观，具有代表性的是新西兰奥克兰博物馆。其余模式的代表则有加拿大皇家安大略博物馆，它用一个立面做了一个全新的博物馆；新西兰的奥克兰美术馆，在老馆的边上造了一个全新的现代化的新馆，它的右边是一个由银行改造而成的老美术馆；澳大利亚悉尼的当代艺术馆也是新老结合的两个馆，左侧是旧的，右侧是一个全新的；梵蒂冈博物馆的外表也和原来完全一样，入口处却有一个全新的空间；澳大利亚新南威尔士博物馆，除保留一个早期的宫殿式建筑外，里面也覆盖了一个全新的场馆。

加拿大皇家安大略博物馆

在改扩建中有一个功能完善的问题。澳大利亚的新南威尔士博物馆在外面造了一条残疾人铺道，这个铺道是一个全新的现代化设计；巴黎的凡尔赛宫博物馆也在其外建造了一个很大体量的现代化公众服务区，它们都是与老建筑完全没有任何关联的现代设计。

博物馆建筑的专业特质，是趋向现代对于博物馆功能使用的专业性的时代要求，因此，新的博物馆建筑从功能出发，拉开了与一般建筑之间的距离，其中最突出的就是博物馆的专业空间，强化了展示、收藏、教育等功能。为了显示博物馆的专业属性以及文化设施的公众性，博物馆的外形也越来越奇特，往往成为建筑师绞尽脑汁的心血之所在。美国华盛顿的美洲与印第安人博物馆、旧金山的

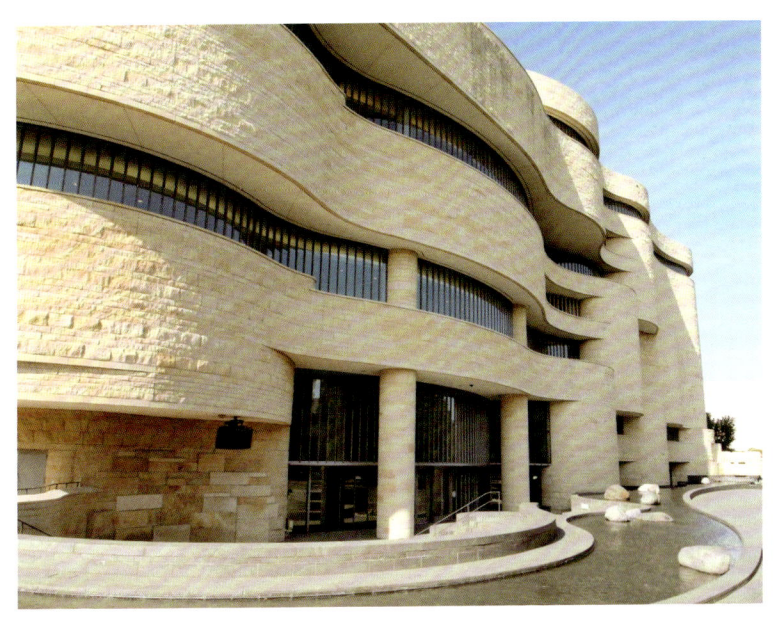

美国华盛顿美洲与印第安人博物馆

狄扬博物馆，外形都是非常奇特的。最近在中国国家美术馆中标的那位法国设计师的代表作凯布朗利博物馆，更是让人惊奇。从某种程度上讲，博物馆是不可复制的，像齐白石的画一样，"学我者生，似我者死"。一进凯布朗利博物馆的大堂，首先映入眼帘的就是一个修复室，专门用于修复印第安人的乐器，人们在大堂中可以看到里面工作人员的一举一动。另外，这个博物馆没有展厅的概念，整体是连在一起的，它的外形给人的感觉是建在立交桥上的一个建筑。澳大利亚墨尔本博物馆，除了巨大体量的玻璃幕墙，还有建筑主体外面大尺度的框架装饰。像这样的博物馆建筑和空间设计，难以模仿。

博物馆建筑从一张白纸开始相对比较容易，因为它没有拘束和牵挂。日本的美秀博物馆是建在周围没有其他建筑的自然保护区内，东京的国立新美术馆更是在市区内成就了一个"巨无霸"。在同一个国家，森美术馆与美秀博物馆呈现出两种完全不同的风格，表现出了建筑师设计的匠心。而巴黎的凯布朗利博物馆，其建筑好像当年的埃菲尔铁塔一样横空出世，鹤立鸡群。不仅是外形，内部空间的设计也是别出心裁，其贯通的空间结构，从头至尾不分展厅，并利用窗子来借景，观众在欣赏展品的时候还可以看到埃菲尔铁塔。在建筑空间的设计上，大阪的国际美术馆，在由钢管造型的装置入口下了滚梯之后，进入博物馆建筑主体的内部空间，而再回头看那个非常张扬的钢管造型，还具有遮风挡雨的功能。东京的国立新美术馆是没有藏品的，它不仅有巨大的空间和特别的外形，运营方式也很特别，更像一个展览馆。它的展览除一部分日本当代美术创作

日本美秀博物馆

外，更多的是博物馆级别的展览，经常从国外的一些著名博物馆借展印象派的作品。

  与新建的博物馆不同，博物馆改建需要考虑的问题有很多，核心问题就是如何保护和利用。美国旧金山的亚洲美术馆由一座20世纪初法国风格的建筑改建而成；法国巴黎的卢浮宫也经历了从13世纪的城堡到路易十四时代的建设，以及拿破仑时代的扩建，再到金字塔玻璃入口的设计；美国大都会艺术博物馆在1880年建成之后，直到现在还在不断进行改扩建；介于新旧之间的德国德累斯顿的国家收藏馆，在原址上兴建，利用废墟在恢复中展现历史，又是另外一种境界；旧金山亚洲美术馆，在一个老建筑窗口的外面增加新建筑，成为一道反映历史变迁、表现新时代文化成就的风景。

美国纽约大都会艺术博物馆

博物馆建筑的细节

博物馆的建筑空间是一个非常复杂的问题，既有整体的造型和结构，又有内部的空间关系，还有一些值得关注的细小的问题，小到一钉一铆。细节决定成败，博物馆不管大小，如果没有一些精彩的、值得玩味的细节，就失去了属于博物馆的文化魅力。在诸多细节中，我认为最有创意的就是楼梯和滚梯的设计。有人把现代建筑中的自动滚梯称为"家中的垃圾桶"，它是家中必需的设备，却很难被放在一个恰当的位置上，既要实用，又不能有碍观瞻，这是需要思量的。现代大体量的建筑中都设置有滚梯，它放在什么位置，怎么放，都很有讲究，因为博物馆内部的交通，其规模和承载量与博物馆建筑空间、人流预期成正比，而且大堂等公众聚集地在现代化的博物馆中往往规模较大，滚梯和楼梯并举，各自发挥功能，在设计上的合理性、适用性以及美学意义，往往是成败的一个关键。

卢浮宫金字塔下面的滚梯，是主要的运送渠道，它不是直线的，其变化呼应了金字塔的造型。滚梯相对的另一面是步梯和垂直电梯的组合，也设计得非常特别。旋转的步梯中间嵌入一个悬浮状垂直电梯，方便残障人士。类似的有梵蒂冈博物馆，也是把自动滚梯和残疾人通道设计在一起。牛津大学阿什莫林博物馆虽然是世界上最早的博物馆，可是内部空间并不陈旧，相反，它散发着强烈的现代气息。反映在新建部分的楼梯设计上，玻璃材料的运用和白色墙面的搭配非常有品位，高雅而讲究，设计师为之付出了很多的心血。这是一个特别的个案，设计师将玻璃材料大量运用在老建筑之中，而且在各个地方出现的楼梯都是相同的设计风格，造型上却不重复。另外，这里的楼梯设计与墙面的设计浑然一体，而且把与楼梯相关的空间利用起来，作为特别的展示空间，在一定程度上也消解了步行的疲劳与时间流逝中的单调。华盛顿国家美术馆连接两馆之间的滚梯，利用光电效果改善了空间中的视觉关系，在光怪陆离中表现出了现代气息，同时连接了走向现代的艺术氛围。墨尔本美术馆把楼梯和一个顶棚的空间设计结合在一起，也是非常特别的。连接大堂挑空的中间的一个楼梯，以及右侧的残疾人通道的设计，其独特之处还在于运用了很多新的材料，非常规所见。也有比较传统的，如惠灵顿国家博物馆，用传统的材质设计楼梯，从整个建筑的空间和配置上面也能看出它的独特之处。新南威尔士艺术馆,有一个在展厅中连接上下的地下空间(图书馆)的楼梯设计,这是在博物馆中很少见到的,把楼梯和空间作为展示设计的元素和建筑一起来设计,上下贯通。

博物馆的咖啡厅是我最近思考的一个问题。对于博物馆的审视,可以透过咖啡厅的设计一见高下。在中国,有很多的美术馆、博物馆没有咖啡厅。其实咖啡厅在博物馆中非常重要,衡量和考察博物馆,尽管有不同的指标,比如长期陈列、各类展览以及公共教育等,在细微处却更能看出一家博物馆的品位以及管理的水平。如果撇开专业性,从博物馆的咖啡厅,大致可以判断博物馆的文化属性和品格魅力。从咖啡厅来看博物馆,我想这是一个特别的视角,咖啡厅在博物馆中的位置、规模、设计,以及饮品的品质、器具的设计、背景音乐,等等,都可以成为考察的内容。博物馆的咖啡厅不同于市面上的各类咖啡厅,它以博物馆的文化内容为依托,是参观之余的小憩,它是与某些展览话题相关的延续,或者可能成为城市中的文化集市,是一种持之久远的文化依赖。从世界各国的博物馆的建筑设计中,我们可以看到咖啡厅的重要性:在澳大利亚,悉尼当代艺术馆,其咖啡厅处在整个建筑中最好的地理位置,从这里可以看到悉尼歌剧院,而且建筑设计以挑出来的露台作为观景台,将咖啡厅安置其中,观众可以在看展览的间隙到这里来放松腿脚和心情,可以远离展厅的灯光,到这里来接触自然、享受阳光。法国巴黎凯布朗利博物馆的咖啡厅在最顶层的露台上面,用钢结构建构了咖啡厅的内部，也与整体建筑的风格相吻合。这个建筑的设计师无处不在利用独特的环境资源，显现出凯布朗利博物馆在利用环境方面的独特性。不管是在展厅还是在其他的地方，凯布朗利博物馆都千方百计让你感觉到身处埃菲尔铁塔周围，所以，咖啡厅的屋顶用透光的玻璃来构建，让人们置身其中就能够看到埃菲尔铁塔。英国伦敦的泰特现代艺术馆，也在建筑的最高层临近水面的空间内设有咖啡厅，这里也是整个建筑中风光最好的一个地方，宽大的窗口像电影的宽银幕，伦敦的城市景观尽收眼底。美国现代艺术馆的露天咖啡厅并没有特别的设计，匠心之处在于利用了现代建筑中的一个户外空间，在过道的位置设计了一个很小的咖啡厅。日本的森美术馆在大堂中设计了咖啡厅，在一个共享的公共空间中，并没有具体的咖啡厅的空间范围，却在空间外延中展现了它的独特之处。

博物馆建筑的光与影

我想用我的博物馆建筑摄影展的题目"光影造化"来谈一下博物馆建筑的独特之处。每当我们看到阳光在不同时段与建筑发生关系时，也就是阳光进入博物馆建筑空间的时候，光影改变了建筑的空间关系，改变了建筑的物理属性，带来了新的视觉感受和美学趣味。光和影与建筑在这里形成了特有的关联性，晨辉和夕照随时改变建筑的物理空间，使工程图和效果图上机械化的建筑多了一种鲜活、灵动。光影赋予建筑生命的变化，从此固态的建筑再也不是一成不变。当然，这样的感觉可能也适用于其他的建筑，但是，对于博物馆建筑来说，可能更不一般，因为博物馆中的光影关系所产生的无穷变化，正是基于博物馆承载的历史与文化，以及艺术的氛围，而当这种光影关系叠加到展出的文物和艺术品上的时候，又有可能对文物和艺术品的欣赏产生影响，在一定程度上帮助艺术家完成了一种新的创作。

所以，博物馆建筑中的空间与光影的关系是一种特别的关系，也是一种特别的趣味，是一种值得揣摩的品位。因此，设计或改造博物馆的时候，必须考虑如何利用光，如何利用自然资源，将光恰当地引进博物馆，充分利用，妥善引导，让博物馆的光影关系成为公众欣赏的一个内容。当然，博物馆的建筑变化多端，基于不同的理想，建筑师们会有不同的设计，会给大家带来很多的视觉体验。博物馆的建筑中有很多的细节，而这些细节不仅决定成败，也决定优劣。博物馆建筑细节中的每一个内容，举凡高妙之处都有精心的设计，都可为博物馆建筑的文化属性加分。

中国的博物馆经过百年的历史发展到今天，当我们回首历史的时候，可以看到这种发展的轨迹。当年蔡元培请鲁迅为国立历史博物馆筹备处选择场所时，鲁迅选择了北京的国子监作为博物馆最初的场所，那时候还不能考虑到博物馆建筑的专业属性问题。虽然博物馆开馆的时候并没有在国子监，而是在故宫的端门和午门之间，但也没有考虑到专门性的问题，更不可能考虑到与专业相关的一些细节。从端门和午门之间的老馆一直持续使用到天安门广场东侧新馆的落成，再到2007年的改扩建，中国国家博物馆馆舍建筑变化见证了它的历史发展。从20世纪50年代后期起步的历史博物馆和革命博物馆，以及中国美术馆，都位列那个时代的十大建筑。尽管那一时期的博物馆或者具有博物馆属性的文化建筑也有好几处，但当时的社会经济状况不允许要求更多。在经历了改革开放后各地新馆建设的高潮之后，博物馆、美术馆的建筑还是存在这样或那样的问题。在中国当代博物馆的建设中，我们的场馆数量增多，面积扩大，功能完善，最重要的是作为城市的公共文化设施，与社会和公众有了紧密的联系。但是，确实还是停留在粗放型的阶段，对于博物馆的建筑以及空间中的文化魅力还缺少关照和研究，在设计中往往是面积大于空间，空间高于功用。当然更重要的是，博物馆、美术馆还是展览至上，展览决定一切，缺少与建筑相关的细节所带来的文化魅力。因此，当我们回头审视世界上著名的博物馆建筑和空间所表现出的文化品质和影响力的时候，我们还有很多观念需要转变。

多样性的当代博物馆建筑为当代文化建设增添了别样的精神家园，使文物和衍生品有了安全得体的展示场所，使公众有了一个能够徜徉和畅想的去处，从而也让博物馆成为检验社会文明发展和国家文化建设状况的样本，因此博物馆建筑空间具有特殊的文化魅力，是不同于一般建筑空间的特殊文化空间。在公众的基础上，这里有不同类别的展示陈列，建筑空间和文化的艺术品之间互为依存的关系，使特定的空间中充满了历史和艺术的各种兴趣，其中每个宣导，以及知识的教育，都成为这个空间的魅力之所在。

博物馆的建筑摄影

当我们置身于天津美术馆、天津博物馆时，面对这样一座规模较大的博物馆建筑以及其中丰富的展陈，很多人都会拿起相机拍摄。拍什么，怎么拍，也是个很有讲究的问题。我这次在天津美术馆展出的140幅关于博物馆建筑的摄影作品，有4幅拍摄的是天津美术馆和天津博物馆。我几个礼拜前专门来过一次，寻找我的兴趣点，寻找它的特殊性。我感觉要拍出博物馆与历史和艺术相关联的建筑特点，要把它的神韵拍出来，是有难度的。建筑本身已经有了一个硬件基础，它的朝向、与周边的关系，以及阴晴雨雪和朝阳暮色等外部环境的影响，它的结构、材料、光影关系，已经很难改变。如果要捕捉我心目中这一建筑的神采，就要下功夫了解这座建筑，以发现者的眼光去探寻其中的神妙之处。再平庸的建筑都有美的地方，何况是博物馆呢。

在拍摄博物馆建筑的时候，第一，就是要寻找博物馆建筑的特殊性。有时去一家博物馆，因为时间关系不能完全了解它，这时候就要看敏感程度。我去过世界上200多家博物馆，每去一家博物馆，首先就要看它的特殊性在哪里，因为我不是专门的摄影家，只是在工作之余顺便拍摄而已。即使是古建筑改造的博物馆，它跟周边的建筑也是没有太大区别的，比如说大英博物馆和英国伦敦的国家美术馆，只是门的大小不同而已。美国的旧金山亚洲艺术博物馆、纽约大都会艺术博物馆，它们的造型不同，但都是古典形态，决定了它们不像别的新建的博物馆那样，有其一眼就能看到的特别之处。

第二，要抓住博物馆建筑与周边环境的关系。因为建筑不是沙盘，沙盘跟周围没有关系，当建筑已经存在时，它一定会和周边环境产生关联。要拍好天津美术馆很难，它的侧面有图书馆、博物馆，这些都会影响你对这座建筑的判断。在这次展览中有一张美国现代博物馆（MOMA）的照片，我自己非常喜欢，但这张照片本身和这家博物馆没有多少关系，有关系的就是我利用这家博物馆的玻璃幕墙，用玻璃幕墙映射了周边的建筑，所反映的是纽约曼哈顿的高楼。我也拍摄了日本九州博物馆，这家博物馆的建筑在全世界而言是比较独特的，它的体量非常大。因为九州博物馆是建在地震多发带上的，为了保证这个博物馆地震时不倾倒，每一根柱子底下都有很粗的弹簧，有弹簧的这个空间是可以进入参观的。我拍摄的作品是一幅九州博物馆侧面的幕墙映照的起伏的山峦，正好与画面右边现实中的一点点山峦景象相连接，整个画面一气呵成。实际上博物馆跟周围的关系很奇妙，有时候透过窗口，有时候透过玻璃幕墙，有时候透过某个角落，都能够发现这座博物馆不同的内容。

第三，我们去博物馆总能看到所展示的文物或艺术品，那么就要关注展品与建筑的关系。有些博物馆的文物是裸展的，没有展柜，文物往往放在窗台，或者某一个有特别光源的角落。比如说，大英博物馆是很老的建筑，有一批石刻就放在窗口。我很少为拍一张照片等很长时间，但我为了拍这张照片在展厅门口一直等到室外的阳光照到石头上，那种特别的感觉，奇妙无比。要把握那个瞬间很难，因为我对这里的空间以及光线的变化完全不了解，可能等了很久光线也达不到想要的感觉。还有空间中有观众来回走动，等光线合适的时候，前边站了一堆人，就把光线破坏了。这是我等了很长时间拍摄的。在博物馆特殊的空间中，文物的精美与历史价值和艺术价值赋予这个空间特别的意义，也是吸引公众进入这个空间的重要原因。所以，把握这个主体来发现它和建筑之间的关系、它和窗户以及光源之间的关系等，都会有意想不到的收获。

第四，走进博物馆的细节之中。无论是创造新建筑的建筑师，还是设计和改造老建筑的建筑师，营造博物馆中的细节都是一项重要的工作，也是我们欣赏一座博物馆的重要视角。我们去博物馆除了看展览、藏品，还能够发现或者欣赏建筑之美，这是非常特别的。比如巴黎卢浮宫博物馆，前面有华裔建筑师贝聿铭设计的金字塔，结构很复杂。我们可以透过金字塔拍外面，可以利用金字塔的玻璃墙面反射彩色的云朵，也可以透过卢浮宫人流量比较小的地方的窗口，看到特别的内容。非常巧合的一次，外边下暴雨，暴雨过后，傍晚的彩霞成了卢浮宫的背景，这是很难碰到的，我是透过博物馆的细节发现的。博物馆的窗和门、博物馆的灯、博物馆的楼梯和扶手、博物馆的顶棚，都有着各美其美的丰富内容。特别要给大家提示的是，许多老建筑的四面都是建筑，中间是天井。世界上很多博物馆，包括大英博物馆、大都会艺术博物馆、美国艺术博物馆等，都会在天井上加上一个顶棚，增加了博物馆使用的公共空间。这个顶棚往往是由著名设计师设计的，像美国的肖像博物馆和美国艺术博物馆

法国巴黎卢浮宫

之间的顶棚就是英国设计师设计的。顶棚的整体设计和使用的材料都是一流的，像澳大利亚的墨尔本博物馆就是一个彩色的顶棚，还有大英博物馆的顶棚等。这些顶棚是老建筑推陈出新的重要举措，给观众带来崭新的视觉体验，它们顶棚是博物馆的眼睛，是博物馆建筑师精心营造的特别空间，因此，参观者要注意这些细节。

第五，进入博物馆要捕捉光与影的美学趣味。我这次展览的题目就叫"光影造化"。因为建筑师的努力，世界各国的博物馆都存在着不同于一般建筑的光影关系。光对于建筑来说很重要，对于博物馆建筑来说更为重要，因为光进入博物馆，就在视觉上彻底改变了博物馆的空间，而空间改变之后就会呈现出一个多样化的视觉形态，给人们一种新的视觉享受。随着阳光的变化，博物馆的光影关系也会不同，春夏秋冬会形成不同的光影关系。因此，去捕捉这种光影关系，是我们欣赏博物馆建筑的一个非常美妙的内容。我认为欣赏博物馆的建筑空间，是欣赏博物馆展品之外的另一个重要内容，而这正是我们今天得以享受到博物馆之美的不可或缺的方面。

我所说的关于博物馆建筑摄影所要关注的这五个方面，也是因人而异的。有的人更多地关注博物馆建筑的结构，有的人会关注很多细节，也许有的人会关注它的光影关系，当然更多的人还是关注它与展品的关系。因人而异，每个人不一样。

最后我想要和大家说的，也是经常有人这样问我的：你最喜欢哪家博物馆？如果大家将来有机会去这些地方的话，可以去这几家博物馆，因为我个人认为这几家博物馆的建筑极其精美。第一个是位于德国柏林博物馆岛上的柏林新美术馆，这是在被战争摧毁的废墟上，按照原始的图纸复原而来的博物馆。第二个是美国华盛顿的大屠杀纪念博物馆，这家博物馆的设计非常特别，它为人们完整地保留了纳粹对犹太人大屠杀的战争记忆，并通过建筑的形式和特别的建筑空间，把主题表现得非常鲜明，而内容和形式的高度统一也成就了这座建筑的不同之处。第三个是由美籍华人建筑师贝聿铭设计的日本美秀博物馆，这是全世界上唯一一座没有建筑预算的博物馆，因为它是由私人投资的。这家博物馆的建筑之美，不仅源自贝聿铭本身设计的高妙，也源自这座博物馆的特别性：它建在一个自然保护区里，动工时所做的第一件事就是把自然保护区里的树木用

美国华盛顿大屠杀纪念馆

卫星定位，给树木编号之后移到另外一个地方栽下来，接着就是把山头全部削平，等博物馆全部建好之后，按照卫星定位把山体复原，把树又栽到原来的位置上。所以，这座博物馆的特殊性在于有了完整的保护自然的概念。当然，这座博物馆的细节也是极其精美的。还有就是瑞典斯德哥尔摩的瓦萨沉船博物馆，一流的设计和创意、一流的展示方式，都是我的最爱。当然，在世界各国还有很多著名的博物馆，要介绍的还有很多，它们都非常有意思，值得慢慢地去品味。博物馆离公众越来越近，离我们的城市越来越近，我希望大家慢慢地多关注博物馆，既关注我们身边的天津博物馆、美术馆，也要关注世界上的每一座博物馆，因为每一座博物馆都凝聚着世界文明的成果，凝聚着人类重要的创造。

还有人问我关于油灯博物馆的问题。这个博物馆目前在我的家乡江苏省扬中市,这里是长江中的一个岛,今年年底要在江苏常州的武进区建新馆(注:2017年5月18日正式开馆)。这是世界上少见的具有相当规模的油灯专业博物馆。有人问我为什么收藏油灯,因为油灯凝聚着中国的文化,一部油灯的发展史就是一部特殊的中国文化发展史。中国文化核心内容的载体、流传千年的诗文书画都是油灯下的产物,很多励志的成语也和油灯相关。在全世界各国的文化中,唯有中国的油灯文化最具独特性。

有人问怎么能成为一名建筑师。建筑是一张白纸,一块空旷的地皮,让你来设计,让你来创想。怎么能成为一位建筑师,和怎么样成为诗人、作家、画家、书法家是一个道理。第一要有专业基础;第二要不断积淀自己的学养;第三要开阔自己的眼界;第四要加强对专业的了解和认知;第五也是更重要的,要有很好的审美观,我们感觉到一座建筑不美,很难看,包括一些著名建筑受到公众批评,往往是审美出了问题,审美观非常重要。

此文据2场讲座录音整理而成:1. 2012年11月11日,在"2012全国美术馆高级管理人员培训班(第二期)"上的讲座;2. 2014年5月17日,在"光影造化:陈履生博物馆建筑摄影展"于天津美术馆开幕之前所做的"博物馆建筑之美"演讲。

↑法国巴黎凯布朗利博物馆
↑日本九州博物馆

↑ 德国柏林老绘画馆保留着二战创伤的记忆
↑ 德国柏林老绘画馆经常用新旧对比呈现历史的记忆

德国柏林老绘画
馆的新与旧所构
造的空间

德国柏林老绘画
馆重新装修之后
保留了原来的导
视文字

德国柏林新老绘
画馆之间的公共
空间

博物馆的建筑之美

迪美博物馆的光影之美

爱上一个人不容易,哪怕是闪婚,也要多看几眼,也要多说几句话。但是,爱上一座建筑,爱上一座博物馆建筑,可能只要看一眼,只要置身其中,就够了。

已有 215 年历史的迪美博物馆 (Peabody Essex Museum) 创建于

迪美博物馆与故宫博物院合作的展览

迪美博物馆大厅

1799 年，它不仅是萨勒姆小镇上的老馆，在全世界博物馆中也是长者，所以远近闻名。这个只有四万人的小镇有如此规模的博物馆和博物馆建筑，是出乎人们想象的。不仅是博物馆建筑主体，还囊括了周边的一些历史建筑，包括东印度公司建于 1825 年的大楼，还有从中国安徽搬过来的荫余堂。主体建筑是核心的部分，呼应了这个海滨小镇，也与周边契合。

加拿大籍以色列裔鬼才设计师莫瑟·萨夫迪 (Moshe Safdie) 的设计创意来自两个部分，一是与航海相关的桅杆、帆船，特别是那种被风吹得满满的船帆的感觉；一是博物馆周边墓地中圆弧和方尖的墓碑。建筑在晴天的时候好像航行在海上一样。光影在阳光的直射下出现了非常奇妙的变化，为博物馆增添了很多神奇的视觉感受。

每一天，不同时段，在建筑每一层的每一个部位，都有着完全不同的光影关系，同时还影响到建筑结构的不同观感。正是这种光影关系，使建筑呈现出了不同一般的艺术之美。

据说设计师设计前在小镇上漫无目的地转悠，不知不觉中获得了灵感。因为墓碑的原因，据说这个博物馆是一个不太吉祥的建筑。萨勒姆有许多女巫传说，还有女巫节，在玻璃幕墙之后忽隐忽现的红砖建筑，尖的顶，圆弧的顶，让人看到这个女巫小镇的奇妙。设计师用弧线以及弧线的纵深感所带来的变化，特别是相对弧线对峙所呈现出来的美感，是很少有人敢于有此手笔的。

置身于迪美博物馆的每一个角落，行走其中，欣赏它独有的光影关系，感受设计师利用顶棚、幕墙、窗的透光元素，特别是天顶

迪美博物馆中从安徽搬来的荫余堂，可能是博物馆实体建筑中规模最大的

上半透明与透明的玻璃之间的空隙，还有遮阳帘的层次，互相搭配，阳光直射，日动影移，如同李白举杯邀明月时所看到的"对影成三人""影徒随我身"。

迪美博物馆的设计是多种元素的组合，中庭和过道以一种流畅的弧线来表现纵深感和透视的趣味，也把光影关系变得更为奇妙。把弧线作为建筑设计的元素，反复利用，处在一种不间断的回旋当中。值得一提的是，这个建筑不仅很好地把所有展厅串联起来，与旧建筑的结合也比较妥帖。

2018 年 10 月 7 日

雕刻之森美术馆

日本的箱根以温泉出名，可是，箱根美术馆却是箱根不可或缺的一段传奇故事，它是著名的 MOA 美术馆的基础和起源，是这一地区的骄傲。

开馆于 1969 年，由日本富士财团赞助的日本箱根雕刻之森美术馆，是全日本第一家以雕刻为主的室内外互动的美术馆。阿姆斯特丹的科勒·穆勒博物馆是欧洲最大的同类型博物馆，而在日本，还有如上野之森美术馆、美原高原美术馆等同类。雕刻之森美术馆占地 7 万平方米，拥有包括毕加索展馆在内的 5 个展览厅（美术馆）、儿童游乐场、天然喷泉足浴，以及其他各种设施。箱根有天然温泉，参观者在这里要走很多的路，上坡下坡累了，以一场在美术馆的足浴，感受自然的美妙，回味艺术的无穷，那一定是很惬意的。遗憾的是，像我们这样的异域观光客，没有时间去享受。如果能够在箱根住两天，可能是一种独特的纪念。

雕刻之森美术馆的收藏具有国际范，有自罗丹之后的西方和亚洲雕塑发展的完整体系，从罗丹到贾科梅蒂、卡尔米勒斯、米罗、

雕刻之森与儿童游乐的结合

亨利·摩尔，从佐藤忠良到杨英风、朱铭（中国台湾），有多达400件大师作品。专项收藏加上专馆展出的毕加索作品，有陶器、雕刻、绘画约300件，又是另外一个亮点。美术馆能有这样的收藏是非常令人震撼的。

驻车在箱根美术馆的门前，几乎看不到什么特色。日本的很多美术馆、博物馆的大门设计都比较内敛，可是，进去之后豁然开朗。

过了检票口，立刻乘下行的扶梯到了下一层。扶梯的上面有人字形的玻璃屋面，透过玻璃可以看到远处的群山和蓝天。下扶梯之后，迎面是一道玄关，上面书有"公益财团法人　雕刻之森艺术文化财团"，标明了主人的身份。该馆于2012年成为公益财团法人，也就是说一切经营与政府无关。

雕刻之森内儿童的天下

　　玄关左侧的清水墙面上有一件意大利雕塑家马塞洛·马斯切里尼（Marcello Mascherini，1906—1983）创作于1963年的女性人体与翼兽合体的青铜作品。这里可以看作是进入美术馆的序厅。其空间是以黑色与水泥本色对比，表现出了美术馆亲近自然的特色。转弯就进入一个不太长的隧道，很容易让人联想到贝聿铭设计的美秀博物馆的隧道，只不过这里的隧道口是扁方形的。虽然也有纵深感，也有视窗，但不同于苏州园林的圆门。

　　出了隧道口，视线的开阔完全在想象之外。以蜿蜒的箱根群山为背景，高高低低、大大小小的雕塑掩映其中，原来这才是雕刻之森，这才是雕刻之森美术馆。卡尔米勒斯（瑞典-美国，1875—1955）的《人与天马》（青铜，250 cm×336 cm×140cm，1949年）高高耸立在空中，它与近前方还没有发芽的大树枝干交织在一起，在不同角度上变换着构图。这是希腊神话中的英雄贝勒罗冯乘天马去消灭怪物基米拉的场面。雕塑表现的是想要飞得更高的天马尽情地伸展着躯体，上面有与其同一方向伸展身体的英雄贝勒罗冯，共同组合成了和谐而自由奔放的造型，好像是翱翔在美术馆户外空中的天外来物。米勒斯的雕塑总是占据了世界雕塑空间的高度，它总是那么高高在上而表现出不同一般的飘逸，也总是那么吸引人们的眼球。

在这么重要的位置安放卡尔米勒斯的作品还有另外的意义，就是向这位伟大的瑞典雕塑家致敬。米勒斯 1955 年去世后，为了纪念这位著名的雕塑家，瑞典将其 1906 年所购海湾旁山坡地上的别墅和创作室辟为博物馆。那里有着绝佳的地理位置，面向大海，瞭

雕刻之森的小岛上，那些与游人相伴的雕塑

亨利摩尔在雕刻之森

望斯德哥尔摩市景。在高低错落、花木扶疏的花园中安放了众多的卡尔米勒斯的代表作,是一处独特的室内外结合的雕塑博物馆,又是雕塑家的纪念馆。

在《人与天马》的前面安放了一尊法国著名雕塑家布德尔的《弓箭手赫拉克勒斯》,这种高低的呼应关系,构成了雕塑园区入口的特殊景观。右侧罗丹的《巴尔扎克》,更是把雕塑及其大师的创作经历和遭遇展现在人们面前。这些名家名作给人以最初的视觉震撼,表明了美术馆的国际视野和收藏实力。这也让人们想到20世纪80年代日本藏家在国际艺术市场上的疯抢。

近现代最重要的雕塑家丰富多彩的代表作所展现出的极致魅力,以及这些作品与群山和原野的对话,与游人的交流,都会产生不同于在美术馆室内参观的感觉。同样是罗丹的《巴尔扎克》，与在美国费城的罗丹博物馆，或斯坦福大学博物馆所见是完全不同的。在这里，自然的活力与艺术的宏伟，户外的清新与雕塑的凝重，都给参观者以深深的震撼和无穷的回味。艺术家的创造精神与美术馆设计者的开拓精神交织在一起，又创造了具有日本文化特点的户外艺术。或许这就是这种室内外结合的雕塑美术馆的诱人之处。

雕刻之森美术馆的馆长在致辞中论及办馆的目的，他说："在于普及与振兴作为环境艺术的雕刻艺术，为我国的艺术文化事业注入新的活力，从而提供一个能使人们在自然生态中接触雕刻的机会。"他们在富士产经集团的协助下，先后举办了很多国际雕刻征集展以及各类美术展。为了充实藏品，作为该馆的姐妹馆，位于长野县的美之原高原美术馆于1981年开馆；1984年还开设了毕加索馆。该馆还举办各种儿童美术活动，旨在培养下一代对美术的爱好；同时，还致力于对当代艺术的介绍。

对于美术馆来说，藏品很重要，特色很重要。雕刻之森美术馆的点点滴滴，都可能触发思考。人们行走其间，每到一处，都会收获属于自己的愉悦和享受。

2019 年 4 月 2 日

美秀之美

美秀博物馆的美是多方面的,不一而足。

再次来到美秀,像第一次一样,依然是怀着敬仰的心情,依然是那种朝拜的心理,因为它不仅仅是一座博物馆,也是一位伟大设计家的著名作品。

美秀博物馆在深山之中,远离城市的喧嚣,在寂静的土地上独

在通向美秀博物馆的隧道内

立存在，伴随着崎岖的山路到达终点。

下车之后先是到了游客中心。这里卖门票和纪念品，也是餐厅，去博物馆的摆渡车由此发车。不管是乘车还是步行，都要依次经过隧道和一座桥。

美秀之美在于建筑。隧道和桥则将美秀之美串联成一个整体。贝聿铭先生在设计博物馆的时候不仅仅把它们看成是连接博物馆的通道，美秀的特点正体现在最初的这种感觉。

桥头和博物馆的大门并不是正对着，有一点偏。隧道也不是笔直的，其设计体现了贝聿铭建筑思想中的很多方面，不仅是吸收陶渊明的《桃花源记》，更重要的是把他家乡苏州园林中的景致以及观赏的方式带到了这里。走在桥上看看两侧的风景，可以想象陶渊明"缘溪行，忘路之远近"。

出了美秀博物馆往回走，快出隧道的时候，感觉到了桃花源的意境

从美秀博物馆的不同角度看外面都美不胜收

美秀的隧道是非常美丽的。外表反光的材料以及蜿蜒的路线，都体现了苏州园林的曲直、幽深以及神秘变化的感觉。而且因为空间高大，给人以一种宏大的气势。

随着几个自然流畅的弧形弯道，眼前一亮，看到了远处的洞口，那是苏州园林中经常出现的圆门，是洞穿之后看到像扇面一样的画面，是陶渊明所看到的"复行数十步，豁然开朗"。

美秀山中的初春即使没有樱花，也是一份独特的美。隧道口两旁树木的灰色调，枝条编织的朦胧，是日本人那种灰色调情感之本源。这就是陶渊明所说的"林尽水源，便得一山，山有小口，仿佛若有光"。这山，就是美秀博物馆，如同桃花源一样的天堂。

2019 年 3 月 30 日

↑美秀博物馆内的光影既美又秀
↑美秀博物馆大堂正面落地玻璃窗外的松树，是贝聿铭先生惯用的借景手法

"小而专"的城市博物馆

城市发展史是一部独特的世界文明史。如何看待城市资源，公众有着截然不同的态度，尊重、保护、利用是一种，破旧立新、推倒重来也是一种。这种截然不同的态度会反映到城市的面貌和品格上，也会反映到文化的传承与发展上。

巴黎的地窟博物馆是世界上独一无二的博物馆，论藏品数量之多，可能无与伦比，论藏品品类之单一，可能也是无与伦比。从83阶旋转楼梯走到地下，再沿着约两米宽的隧道往前走——这是非常单调的博物馆之旅，没有哪一家博物馆在进门后要走这么远的路，经历如此单一的地下路程。而最终看到的是1785—1860年间约600万人的头盖骨、大腿骨以及其他骨骸。它们被按照时间分区很规则地码放在过道两侧，有的还码放成图案，有石碑标明年代，表现出对逝者的尊重以及严谨的工作精神。作为博物馆，这里不分展厅，没有展柜，偶尔在墙上有几块说明牌。如果这样一个巨大的骸骨场在这座城市中长眠于地下，那它不可能与今天发生什么关联。可是，把它作为城市资源来对待，用博物馆的方式来利用资源、开放资源，使今天城市中的公众由此了解历史、认识过往，即具有积极的社会意义，也丰富了城市博物馆的品类。这就是城市对于资源的一种利用。

每座城市皆有可以利用的多方面资源，旧的工厂、车站、学校，以及街道、社区等，都是与城市记忆相关的值得珍视的资源。譬如每一城市都有下水道，其排水系统的规模、水平、能力都表现了城市的规模以及作为。巴黎的下水道是世界城市中首屈一指的，历史悠久，规模巨大。这一最容易被忽视的城市资源由巴黎市政府转化为世界上独特的下水道博物馆。城市资源以博物馆的形式向公众开放，能够让公众更好地了解城市的历史，认知城市的运转功能，从而更加热爱城市。"下水道，巴黎的地下风貌"，这不是一般性的广告，它吸引人们深入巴黎的内腹，探索一个难以想象的真正的地下城。这里有始建于14世纪末的历史遗迹，有非常专业的城市排水系统的知识，它呼应了巴黎的城市发展历史。尽管这里锈迹斑斑，一切都令人感觉到很陈旧；尽管这里充满了公共澡堂的气味，污水不息地流动，但这正是维系城市运转的基础。博物馆给予人们的认知正是在知识的基础上反映历史，而下水道博物馆不同于普通博物馆，它的陈列和"展品"是仍然在使用的设备，它们还在城市中发挥着作用，与城市中的每一个人都有着现实的联系。

城市资源利用的关键是对于城市资源的认识和对资源的现实意义的把握。巧妙的利用，不需要花大价钱就能够获得永久的收益。下水道博物馆只是在塞纳河边上以一个不起眼的卖票的小亭子作为

哥伦比亚钱币博物馆由过去的铸币厂改造而成

它的门脸,卖票人就是检票人。地窟博物馆绵延约一千米的隧道里,也只看到一位工作人员。可是,它们的上面每天都是排队等候参观的队伍。这两座博物馆论面积都超常规,论建设投资则是少之又少,不仅省掉了动辄数以亿计的场馆建设费,还省去了高昂的布展费,只需要几块介绍历史和科普知识的展板,以及出入和动线的标志,更省去了大量的看护展厅的人员和维护的费用。由此可见,城市资源的利用并不需要太大的投入,需要的是智慧以及城市中公众对博物馆的热情。

城市资源的利用不是简单的变废为宝,它也存在着多种方式,因为城市资源是多样性的,不能一概而论。2012年底开馆的卢浮宫分馆,是利用原有资源的另一种方式的示范。它建造于20世纪60

意大利威尼斯由旧监狱改造而成的威尼斯博物馆局部

年代废弃的煤矿区，出于对历史和现实的尊重，也是为了历史和现实的契合，更是考虑到与周边环境的关系，博物馆建筑在地面上仅有一层。虽然在博物馆的区域已经看不到原来煤矿场区的痕迹，可是，博物馆的建筑以及园林的设计都以独特的方式向过去表达了敬意，也让人们看到了离开卢浮宫之后的分馆的身份，这就是远离卢浮宫的感觉，使荒芜之地再生出一个现代化的博物馆。

2017 年 3 月 16 日

↑ 由城市下水道系统改造而成的法国巴黎下水道博物馆

荷兰阿姆斯特丹由伦勃朗故居改造而成的伦勃朗故居博物馆

美国纽约用20世纪初移民公寓改建成的移民公寓博物馆

工业遗产专题博物馆

　　18 世纪 60 年代开始的机器生产改变了几千年来手工生产的历史发展轨迹，促成了此后全世界在工业、科学、技术等方面的重大变革。高高的烟囱、巨大的厂房，很多地方曾经浓烟滚滚、机器轰鸣，曾经是城市的骄傲，有的甚至是国家的自豪，然而，时间的流逝与技术的进步将它们无情地淘汰。当这些机器在几十年之后变成废铜烂铁，就不再会得到很好的保护。后人有选择的保留与保护，常常是和利用联系在一起的，而利用的目的往往别无选择，那就是进入博物馆。进入博物馆或成为博物馆的工业遗产，使那些被废弃的厂房和设备变成了历史的记录，变成了历史的教科书，变成了今天看过去的窗口。

　　中国近代工业的发展起步较晚，民族工业的起步带动了中国社会的转型，人民也享受到了民族工业带来的自豪感。一直到 20 世纪 80 年代，中国人还在羡慕那工业化标志的烟囱林立，依然在欣赏那成片的工厂厂房。可是，在中国社会发展的推动下，从中华民国到中华人民共和国，各个时期都摧枯拉朽地完成了新老交替，人们还没有来得及想到保护的时候，各地的废品收购站已经完成了对国家所需的旧金属资源的回收利用。所以，反映各个时期工业化进程以及成就标志的旧的机器在今天已经成为珍稀物品。因此，今天如果要建立一个反映20世纪中国工业化进程的博物馆，要找到那些历史文物可能已经非常困难。事实上，对于历史的尊重，对于现实转化为历史的预期，需要有高度的责任感和洞察力。今天的中国确实需要有这样一座国家级的博物馆来印证中国20世纪工业化发展的历史，同时来见证21世纪数字化时代中国对世界的贡献。

民族工业曾经是激发现代中国人文化自觉的一种特殊的力量，许多至今仍然屹立的民族品牌都有着无数的历史故事，这些故事又连接了中国近代以来社会发展的历史。它们在今天依然发挥着品牌效应，它们因为历史而成为城市的骄傲，过往的每一件旧的遗存，不管大小，都是历史的承载，都是历史的故事，都会成为博物馆中的一件藏品或一件展品。2003年由青岛啤酒厂原厂房旧址改造而成的青岛啤酒博物馆，作为纪念青岛啤酒百年的特别项目，为这座在近代中国历史上有着特别意义的城市增添了一道独特的风景。

像青岛啤酒博物馆这样与品牌相关的专业博物馆，在中国只能算是小馆，因为它的展出面积只有6000平方米。从展场规模到展品数量和等级，基本上可以说是不足挂齿，既没有名家名作，又没有什么国家一级文物，时间最早的就是建厂初期1903年的机器。可是，它每年接待80万观众，这个数量令许多免费开放的有着数万平方米面积的省级博物馆都感到汗颜。青岛啤酒博物馆设立在百

英国约克铁路博物馆由旧火车站改造而成

年前的老厂区、老厂房之内,以百年历程与工艺流程为主线,展现了中国啤酒工业及青岛啤酒的发展史,它依靠的是历史和品牌。1903年的建筑是国家保护文物,工业遗产是其独特的内容,重要的是品牌的知名度和美誉度,这些都体现着博物馆与城市、公众的关系,也是其独特性的重要方面。类似这样20世纪初期的工业遗产,在80年代以来的现代化转型过程中,被拆除得所剩无几,而这正是青岛啤酒博物馆的可贵之处。所以,这座博物馆可以视为20世纪工业遗产保护和利用的典范,也可以视为保护和利用的个案,从中可以研究在现代化发展过程中工业遗产的保护和利用。

青岛啤酒博物馆的独特性是其对于工业遗产在各个时期所得到的保护以及如今的合理利用进行梳理。它把历史上曾经发生的故事通过那些被淘汰的生产啤酒的机器讲述给每一位参观者，集品牌历史与生产流程于一体，资料翔实而脉络分明，动线流畅而合理，既有知识性又有趣味性。而其自身资源带来的互动可能性，是在博物馆现场品尝最新鲜的啤酒，同时能够专门体验喝晕之后的眩晕感，这就是发挥了博物馆娱乐、购物、餐饮等多方面的功能，进一步强化了博物馆的特色。

青岛啤酒博物馆是有着世界视野和民族特色的专业博物馆。它的概念规划由嘉士伯啤酒博物馆负责人尼尔森（Nielsen）负责，因此，它有点像一个缩小版的丹麦嘉士伯啤酒博物馆。丹麦的嘉士伯啤酒始于1847年。嘉士伯啤酒博物馆是世界上保护和利用工业遗产的典范，它在各方面都远远胜于青岛啤酒博物馆，其核心是嘉士伯有着傲人的历史和历史上远超于青岛啤酒的产业规模，更重要的是品牌在世界上的影响力。与产业和品牌相关的博物馆，其规模、风貌、品格都能够反映产业和品牌的文化内涵。青岛啤酒能拥有自己的博物馆是值得自豪的，当然在中国的企业中能有这样像样的博物馆也是不容易的。当年青岛啤酒股份有限公司投资2800万元建博物馆，属于不大不小的一项投入，却难以想象到能有如今的社会和经济效益。其普通门票每张60元，而一罐啤酒如果以10元计，那么一张门票就相当于6罐啤酒。想想啤酒那复杂的生产过程和工序，还要不断耗费大量的原材料。尽管它的管道源源不断，维系了品牌的生产与销售，但需要无数环节的保障。而博物馆每年80万观众所形成的也是一条特殊的流水线，没有原材料的消耗，却为企业创造了丰厚的利润,更重要的是推广了企业文化。当年看似很大的投入,与今天的效益相比几乎不值一提。关键是博物馆作为青岛啤酒的文化产业,是企业中一个特别的管道,只要大门一开,观众源源不断。这就是青岛啤酒以博物馆的方式来保护和利用工业遗产所创造的文化产业的奥秘。

人们难以想象青岛啤酒博物馆每年的门票加上其他衍生产品的销售超过亿元,这是各级博物馆的同业人士应该反思的。钱多钱少对于当今的中国各级博物馆来说并不重要,重要的是与城市和公众的关系。青岛啤酒博物馆的运营以公众为中心,其互动环节的设计包括各类衍生产品,甚至把不同于餐馆的品尝体验也纳入其中同步发展,开创了有品位的企业博物馆发展模式。需要指出,这只是青岛啤酒的副业。但比照嘉士伯啤酒,青岛啤酒的不足还在于对工业遗产的保护,如果各个时期的历史物品能够更多一点,如果收藏也能够像嘉士伯啤酒博物馆那样以 2 万支啤酒瓶为开端而体现藏品的数量和规模,那么青岛啤酒博物馆就会更上一层楼。而进一步来论,如果青岛啤酒也能够有一座嘉士伯艺术博物馆(1953 年建立)式的建筑,展示包括从公元前 3000 多年古埃及时代到 5 世纪古罗马末期的不同时期的雕塑作品,以及 19 世纪以前丹麦和法国的油画和雕塑,那将会是另外一番景象,将会让世人刮目相看。说到底,我们的企业文化还有问题,我们的企业与文化之间还有距离。看看正在国家博物馆展出的来自美国莱顿收藏馆的"伦勃朗和他的时代",企业造就的收藏与收藏体系进而成为世界艺术品收藏的重要

澳大利亚动力博物馆

内容，这正是一个鲜活的例子。因此，青岛啤酒博物馆如何在专业领域内加强收藏，以弥补过去工业遗产保护的不足，则成为发展中的问题。如果这些问题解决好了，青岛啤酒博物馆的未来就不可限量，也就有了与嘉士伯等世界著名品牌角力的实力。

现代企业已经进入了拼文化的时代。在这个时代中，保护和利用工业文化遗产正逢其时。

2017 年 7 月 14 日

↑法国铸币博物馆
↑由皇家陶瓷厂改造而成的法国陶瓷博物馆

〉〉〉〉〉〉〉〉〉〉博物馆之收藏

国家收藏与文化共享

博物馆、美术馆作为中国公共文化事业的重要组成部分，越来越受到社会的关注，越来越得到公众的厚爱，参观人数的逐年攀升显现出公众对它们的依赖。据美国主题公园及景点协会发布的《2014全球主题公园和博物馆报告》显示，中国国家博物馆以763万的年接待量位列全球最受欢迎博物馆的第二名。有很多的具体工作支撑了全国各地博物馆、美术馆观众人数的攀升，而其中值得关注的国家收藏在2015年也呈现出了新的气象。国家收藏与文化共享以及它们之间的关联，在2015年的践行中得到了公众的认可，成为年度公共文化事业的一个亮点。

代表国家的文物和艺术品馆藏，是一个国家、一个城市的软实力的表现，也是其魅力所在。中国地缘辽阔，地下文物蕴藏丰富，在文化类型与地域特色方面表现出了各自的精彩。随着大规模的经济建设，出土文物的数量不断增加，由考古发现而带来的国家收藏正在不断扩大，它们成为博物馆收藏的主要来源，每年度的十大考古发现都丰富了国家收藏。2015年南昌西汉海昏侯墓出土了数以万计的重要文物，考古成果辉煌，也是对国家收藏的重大贡献。本年度在海外文物回流方面，国家文物局先后两次接受了法国古董收藏家克里斯蒂安·戴迪安返还的甘肃大堡子山流失的52件春秋时期秦国金饰片，国家文物局将其划拨给甘肃省博物馆收藏。今年，国家文物局还划拨美籍华人范季融、胡盈莹夫妇捐赠的9件周代青铜器给上海博物馆。这些都显示了通过政府努力促成文物回流并交博物馆收藏，正成为各地博物馆、美术馆获得藏品的又一重要方式。

本年度，各地博物馆利用年度收藏经费或专项收藏经费主动获得收藏，也取得了相应的成果。虽然这种常态化的国家收藏在各地的表现状况不同，可是，各地在年度经费与专项经费方面的不断增加，也在一定程度上缓解了捉襟见肘的尴尬。就目前的市场状况，大量的民营资金涌入文物和艺术品市场中，它们与国家收藏的竞争、给国家收藏带来的压力，都为国家收藏带来了现实的问题。捐赠依然是博物馆、美术馆获得收藏的重要来源，与外国收藏家捐赠给博物馆不同的是，中国艺术家基于对国家博物馆、美术馆的依赖和信任，其本人或家属习惯将作品捐给国家收藏，因此，这一类收藏成为具有中国特色的国家收藏之一。本年度中国美术馆先后获得油画家马常利捐赠的24件（套）油画、水粉、素描速写等作品，以及罗尔纯捐赠的30件油画和9件国画作品。国家博物馆也获得了黄君璧、饶宗颐、萧海春、袁运甫、董继宁等人的捐赠，还获得了杨虎城将军1933年电影纪录原片的捐赠。

另一方面，各博物馆美术馆通过组织创作，为国家累积当代艺术创作的成果，也丰富了国家收藏。经过几年努力，国家博物馆组织创作的唐勇力的巨幅工笔画《新中国诞生》（宽 17 米）、杨力舟和王迎春的《太行铁壁》以及冯远的《世纪智者》，不仅成为当代艺术的重要馆藏，还成为中央大厅的重要展品。而将由国家博物馆收藏的中华文明历史题材美术创作工程中的 165 件作品，也在今年到了定稿的关键时刻。这些获得藏品的独具中国特色的方式，在各博物馆、美术馆中都有典型的案例。

与过去有所不同的是，在文化共享方面，各博物馆、美术馆将为公众服务放在了首要位置之上，能够抓住热点，服务公众。江西省博物馆在海昏侯墓主棺还没有打开之前，在"一流考古、一流保护、一流展陈"的主旨下先期举办了专题展，吸引大批市民在馆外排长队，一时间成为街谈巷议的主要话题。文化共享已经成为博物馆、美术馆的文化自觉，获得的收藏不再深藏于库房之中，而是基本上都在第一时间与公众见面。甘肃省博物馆在国家文物局划拨文物之后就举办了"秦韵——大堡子山流失文物回归特展"。国家博物馆也以"近藏集粹"专题展览展出了近十余年来新入藏的青铜器、佛造像、书画、陶瓷、家具、漆器、玉器等珍贵文物。由中国博物馆协会"丝绸之路"沿线博物馆专业委员会发起，云南省博物馆主办，内蒙古博物院、广西壮族自治区博物馆、四川博物院、西藏博物馆、陕西历史博物馆、甘肃省博物馆、青海省博物馆联展的"茶马古道——八省区文物特展"，在新落成的云南省博物馆开展。展览见证了"茶马古道"的历史，展现了"茶马古道"文化遗存的独特魅力，是迄今最大规模的"茶马古道"文物巡回展览。它惠及联展的八省区公众，使他们得以在自己所在的城市了解茶马古道的历史以及各博物馆相关文物的珍藏。值得一提的是，本年度故宫博物院的"《石渠宝笈》特展"汇集了院藏的晋唐宋至元明清的 283 件重要书画，进一步提升了公众对中国传统书画的关注度。此次展览盛况空前，史无前例。

像故宫博物院这样展示深藏宫中的珍贵文物，像以国家博物馆"纪念抗战胜利 70 周年"特展为代表的运用馆藏配合时政的展览，都是年度文化共享方面的具体表现，为年度的惠民工程贡献了力量。文化共享是文化惠民工程的具体内容。它一方面打破了区域局限，如"茶马古道——八省区文物特展"通过区域间的合作，将"一带一路"的文化主题以及各博物馆、美术馆之间的合作推向了与之相关的更宽广的领域；另一方面又打破了传统观念的束缚，用以公众为中心的文化共享来促进博物馆、美术馆的展陈，不仅充分利用了馆藏资源，而且让公众更加了解馆藏，更加愿意走进博物馆和美术馆。

本年度中央财政进一步加大对公共文化建设的资金投入力度，总投资比 2014 年增加 1.73 亿元，共安排 209.8 亿元用于加快构建现代公共文化服务体系，其中有 51.57 亿元用于深入推进全国博物馆、美术馆等公益性文化设施向社会免费开放和提供基本的公共文化服务。国家艺术基金则资助博物馆、美术馆走出去，将重要的馆藏送到省市博物馆、美术馆，将共享的概念通过馆际交流进行具体落实，如国家艺术基金资助项目之"20世纪中国美术之旅：走向西部——中国美术馆经典藏品西部巡展"。

　　文化共享促进了基本公共文化服务的均等化，保障了老少边穷地区群众基本的文化权益。为了扩大文化共享，各博物馆、美术馆还加大了公共教育、宣传推广、衍生产品开发的力度，尤其是利用大数据和互联网，"将博物馆带回家"正成为一种潮流和方向。此外，官方网站、官方微博、微信公众号都在文化共享方面做出了重要的努力。显然，以文化共享促进"博物馆+"的时代变化，为博物馆、美术馆的发展带来了新的生机，而公众在博物馆、美术馆所获得的教育、审美、休闲的服务，正反映了政府在文化政策方面的具体成果。

2015年9月

国家收藏的价值观瓶颈

2011年3月23日,"中国国家博物馆馆藏现代经典美术作品展"在新落成的国家博物馆中央大厅开幕。虽然这只是国博诸多开馆展览中的一个,却具有特殊的意义。从1951年开始,国家博物馆前身之一的中国革命博物馆就开始组织革命历史题材的美术创作,后续还经历了1959年、1964年、1972年的创作高峰,这四次大规模的历史题材美术创作,留下了一大批在新中国美术史上占有重要地位的美术作品,在新中国美术史上书写了重要的篇章,也为国家累积了价值连城的艺术财富。其中有罗工柳的《地道战》、胡一川的《开镣》、董希文的《开国大典》、王式廓的《血衣》、石鲁的《转战陕北》、艾中信的《东渡黄河》、叶浅予的《北平解放》、侯一民的《刘少奇和安源矿工》、全山石的《英勇不屈》、靳尚谊的《毛泽东在十二月会议上》、詹建俊的《狼牙山五壮士》、林岗的《井冈山会师》等重要作品。

与这些重要馆藏相关的国家付出所对应的是艺术家无私的奉献,因此,中国国家博物馆馆长在开幕式的致辞中特别强调:"应该感激那些在不同历史时期内为本馆美术创作做出贡献的美术家,包括曾经组织创作的组织者,他们无私奉献的精神和辛勤劳动的价值将永载史册。"从国家收藏的角度来看,中国美术馆自1961年建馆之初,就承担了替国家收藏美术品的历史责任。当年由刘岘、江丰、米谷、郑野夫等人组成的"收购小组",从最初收购石鲁、林风眠和傅抱石各6幅国画及当代版画若干幅,至今历时50年,蔚为大观。与其他公立美术馆一样,中国美术馆收藏的方式主要有购藏和捐赠两种。因为中国美术馆有着"国家收藏"的桂冠,具有收藏的便利性,能够得到许多爱国的艺术家和相关人士的响应和支持,即使是购藏也是半买半送,这在计划经济和讲政治的时代受益良多。所以,中国美术馆几十年来并没有花费太多的收藏费,却有许多重要的收藏。相比较而言,虽然现在的年度和专项收藏费增加了很多,但有时候也只能是望洋兴叹,一年有限的收藏费可能还买不到一件作品。比如中国美术馆至今没有徐悲鸿的油画,虽然拍卖会上屡次出现徐悲鸿的重要作品,可是中国美术馆不可能用几年的收藏费去买一件作品。所以,捐赠对于国家收藏来说非常重要。

1995年,中国美术馆接受了德国收藏家路德·维希捐赠的89套117件作品,在一定程度上改变了缺少国外艺术品收藏的局面。2005年,刘迅一次性捐赠中国美术馆1783件作品。此后,国家的"20世纪美术作品收藏与研究"计划,使中国美术馆得以平均每年收藏2000件左右的作品。与这种状况相对应的是,在多元化的今天,"国家"的概念被放大了,各省市的美术馆也代表国家行使着为国家收藏美术品的责任，所以，许多艺术家的捐赠进入了省市美术馆的库藏之中。而为了吸引美术家的捐赠，各地用建立以美术家个人名字命名的美术馆这样的政策，使集中的"国家收藏"的概念，成为分散的"国家收藏"的现实。比如深圳的关山月美术馆，北京的炎黄艺术馆，合肥的亚明艺术馆和赖少其艺术馆，吉首大学的黄永玉艺术馆，以及广州艺术博物院中的各个美术家专馆，都表现出了这种从集中到分散的"国家收藏"的趋向，形成了各地、各馆明里暗里争资源的局面。

另一方面，伴随着个体经济在整个国民经济中的份额增加，以及经济实力的壮大，私人藏家近年来通过拍卖会表现出强劲的购买力，将许多在美术史上占有重要地位的美术品变成与"国家收藏"相并行的"私人收藏"，其中以刘益谦、王薇夫妇为代表的私人收

关山月美术馆

藏的崛起，也影响到"国家收藏"。而对于艺术家来说，"国家收藏"神圣化的概念正日渐减弱，因此，一些重要的作品一直秘藏于美术家的手中，没有进入中国美术馆的理由却与收藏费的多少没有直接的关系，如不断参加各种展览的刘大为的代表作《晚风》和袁武获得全国美展金奖的《抗联组画》等。显然，"国家收藏"在新的时代中遇到了新的问题，其难度的增加在于各个方面的竞争加剧。这一现实的困境不仅出现在中国美术馆，也摆在了各省市美术馆的面前。对于省市美术馆来说，中国美术馆收藏数量的提升，就意味着自身收藏难度的增加。如中国美术馆得到了赵望云家属捐赠的430件作品，在一定程度上就影响到陕西省建立长安画派纪念馆的构想，影响到陕西省的"国家收藏"的规模。

在新时代的价值观影响下，像中国革命博物馆那样通过组织创作以极低的成本获得收藏的状况，可能已经一去不复返了。在现实状况中，如何突破当代价值观而获得国家收藏，确实是一个值得思考的问题。前几年，国家以上亿元的资金来组织重大历史题材美术创作工程，充实了中国美术馆的收藏。如今价码越来越高，经济杠杆往往会消解创作的积极性，这种依赖制度优越性的收藏方式，能否形成长效机制，无疑是一个大大的问号。国家收藏如何突破价值观的瓶颈而形成一个持之久远的收藏体系，值得我们深思。

2011 年 3 月 23 日

博物馆的"镇馆之宝"

全世界很多博物馆都有一两件被称为镇馆之宝的藏品,是人们参观博物馆必看的展品。藏品成为"镇馆之宝",最重要的是公众对它的认可。法国卢浮宫达·芬奇的《蒙娜·丽莎》,荷兰国家博物馆伦勃朗的《夜巡》,荷兰海牙皇家美术馆维米尔的《戴珍珠耳

伦勃朗的《夜巡》在荷兰国家博物馆展出

环的少女》，德国柏林新博物馆中《埃及王后纳芙蒂蒂的头像》，美国芝加哥菲尔德博物馆世界上最大的霸王龙骨骼，菲律宾自然历史博物馆里获吉尼斯世界纪录的最大的鳄鱼标本。中国国家博物馆中商代的后母戊方鼎，湖北省博物馆的战国曾侯乙青铜编钟，湖南省博物馆的汉代马王堆T形帛画，都是公认的镇馆之宝。

也有像美国大都会艺术博物馆这样世界上最大的博物馆机构，大英博物馆这样世界上最早向公众开放的公共博物馆，虽然藏品数量巨多，有很多具有重要的历史和艺术价值，但说不出哪件藏品是代表该馆的镇馆之宝。如大英博物馆收藏有在中国被称为"画圣"的东晋顾恺之的《女史箴图》，它在中国任何一家博物馆都会成为镇馆之宝，可是大英博物馆的专家以及英国人未必认同。因此，镇

维米尔的《戴珍珠耳环的少女》在荷兰海牙皇家美术馆展出

汉代《马王堆T型帛画》，藏于湖南省博物馆

馆之宝只是民间的说法，很难确定统一的标准。

在一座博物馆几十万、上百万的藏品中找出一件镇馆之宝，是有相当难度的。其一难在形成共识，其二难在是否能够"镇得住"。形成共识是最难的，镇得住与镇不住只是相对而言。不同历史时期中的不同的文化创造是难以相互替代的，也是难以相互比较的，博物馆很难用一件作品来涵盖所有藏品，但是，人们往往会将目光聚焦到一两件重要的藏品之上。博物馆的专业人员或其他研究人员，常常会赋予这件藏品很多故事，甚至不惜夸大它的社会影响和艺术价值。

所谓"镇馆之宝"，必须具有唯一性、独特性、稀缺性、重要性、不可替代性，必须能够表现其独特的历史和艺术价值，如最大、最小；最高、最矮；最长、最短；最重、最轻；等等。一座博物馆中，通常从专家到公众都会权衡哪件藏品堪当"镇馆之宝"。而更多的是博物馆之间的横向比较，如绘画作品，在不同的博物馆中，不同的画家或同一画家不同作品有不同的优势。再如青铜器，后母戊方鼎最重、曾侯乙青铜编钟最大。或是在国内外有广泛的影响力，如甘肃省博物馆的镇馆之宝、1969年10月出土于甘肃省武威市雷台汉墓的东汉铜奔马（别称"马踏飞燕""马超龙雀"等），论大小、重量，不及后母戊方鼎；论大小、规模，不及曾侯乙青铜编钟，但它在1983年10月被国家旅游局确定为中国旅游标志，1986年又被定为国宝级文物，2002年1月被列入《首批禁止出国（境）展览文物目录》。因此，东汉铜奔马作为甘肃省博物馆的镇馆之宝当无疑义。

　　唯一性是比较容易确认镇馆之宝的标准之一，比如在自然历史博物馆中最大的恐龙、最大的鳄鱼，等等，都是同类藏品或其他博物馆难以企及的。独特性是镇馆之宝的基本要求，稀缺性往往表现在材质方面，重要性往往关联着历史和艺术的学术性。不可替代性是佐证历史或说明艺术成就重要性的重要证据。具有其中任何一项就可以成为镇馆之宝。对于像大英博物馆这样具有丰厚收藏的博物馆来说，各个时代、各个文化类型、各个艺术品种都有一流的藏品，即使说不出哪件是镇馆之宝，也不影响大英博物馆的专业地位。而如果在一座有着区域影响和丰富藏品的博物馆将象形的奇石"东坡肉"作为镇馆之宝，就有些莫名其妙的。

　　艺术博物馆收藏有灿若繁星的历代画家作品，能够成为镇馆之

世界上最大的恐龙化石在美国芝加哥菲尔德博物馆展出

宝的那一定是最为突出的。如达·芬奇的《蒙娜·丽莎》，尽管它没有《最后的晚餐》那样巨大的幅面，也没有严密而复杂的内在结构以及经典的题材内容，可是，如果没有《蒙娜·丽莎》，达·芬奇会黯然失色，卢浮宫也辉煌不再。仅仅是《蒙娜·丽莎》那神秘的微笑，就有无数专家研究和阐释过，还有蒙娜·丽莎的身世、达·芬奇密码，都是达·芬奇的其他作品所没有的。

《埃及王后纳芙蒂蒂的头像》中的王后纳芙蒂蒂（Nefertiti，公元前 1370—1330 年）是埃及法老阿肯纳顿的王后，她是埃及历史上最重要的王后之一，有着令世人赞叹的美貌。这件作品从发现起就有很多故事。1912 年德国的埃及考古学家路德维希·博哈特在埃及的阿马纳发现它以后，1913 年将塑像运到德国。1920 年 7 月，资助发掘的地产商西蒙将其献给了新建成的普鲁士皇家艺术博物馆。二战期间,它被存放在法兰克福帝国银行的保险柜中,几经辗转,直至 1945 年 6 月又回到帝国银行。1956 年 6 月,塑像被重新送到了柏林,2009 年 10 月 16 日柏林博物馆岛内新馆完成,颠沛流离了多年的纳芙蒂蒂塑像终于回到了在德国最初存放的地方,并成为柏林所有艺术品中的镇馆之宝。

荷兰国家博物馆的镇馆之宝是伦勃朗 1642 年 36 岁时创作的《夜巡》,是伦勃朗一生所画 500 余幅作品中最特别、最重要的一幅。该画以舞台剧的方式表现了阿姆斯特丹城射手连队成员的群像,射手们各自出钱请伦勃朗创作。可是,完成之后射手们却不满意,因为每个人在画面中的大小、位置、光线明暗等不尽相同。由此他们发动市民不择手段地攻击伦勃朗,闹得整个阿姆斯特丹沸沸扬扬,最终酬金也由 5250 荷兰盾削减到 1600 荷兰盾,最为严重的是此后很少有人来找伦勃朗画集体肖像,画商们也疏远了伦勃朗,使得这位伟大的荷兰画家 63 岁时在贫病中去世。该画一直被荷兰王室所收藏,直到 19 世纪荷兰国家博物馆成立后成为该馆的藏品。

中国国家博物馆的后母戊方鼎以 832.84 千克的重量成为中国青铜器之王。它于 1939 年 3 月在河南安阳武官村出土,为防止方鼎落入当时侵华日军的手中又被重新埋入地下。1946 年 6 月,当时安阳政府的一位陈参议劝说藏家把方鼎上交政府,重新出土后运到南京,并于 1948 年首次在南京展出。1949 年,方鼎拟运台湾而先期抵达上海,因为飞机舱门宽度不够而不能上飞机,又回到南京藏于

商代《后母戊方鼎》，藏于中国国家博物馆

南京博物院。1959 年，从南京调往北京，成为中国历史博物馆的镇馆之宝。

　　由此可见，围绕着镇馆之宝，通常都有一些为人津津乐道的故事和传世过程，它们自身也是学术研究的重要对象，而研究的新发现又更加丰富了镇馆之宝的内容。尤其是在科技不断发展的今天，人们利用新科技对于镇馆之宝的研究，又增加了过去所没有的新的内容。如英国科学家借助 3D 技术，耗费 500 小时研究德国新博物馆的镇馆之宝《埃及王后纳芙蒂蒂的头像》，为这位著名的古埃及美女塑造了逼真半身像。2018 年 2 月 14 日晚，美国旅游频道《未知的探险》还播出了还原纳芙蒂蒂面目过程的专题节目。

　　博物馆的镇馆之宝基本上是固定在某个位置不能移动的，也有相应的国家法律规定它们不能出国、不能出馆。如意大利乌菲齐博物馆中波提切利的《维纳斯的诞生》、俄罗斯圣彼得堡俄罗斯博物馆中列宾的《伏尔加河上的纤夫》，都是钉在墙上的，什么时候去看都在那里。而中国，镇馆之宝都在国家公布的《禁止出国（境）展览文物目录》之中，不仅是限制出境，就是离开自己所属的馆都非易事。它们静静地陈列在博物馆的主要展厅中，从展出空间的规划、展出方式的设计，展柜的安排等，都表现出了特别的尊重。

　　博物馆的镇馆之宝是这个国家或博物馆的骄傲，它们并不是通过网络海选或讨论协商所产生的，也没有博物馆的公示，它们往往是社会的约定俗成。它们是在博物馆发展历史过程中，在人们对于历史和艺术的认识发展中逐渐产生的。因此，这种聚焦的历史过程，是镇馆之宝必不可少的。

2018 年 12 月 27 日

　　附注：2018 年 12 月 23 日，我在贵阳孔学堂传统文化课第 668 期做"博物馆的魅力"讲座，结束之后，保安先生来问我："博物馆的镇馆之宝是如何选出来的？"微博、微信上很多人也提出相同的问题。此文算是一个回答。

汉代《长信宫灯》,藏于河北博物院

建立国家级"被盗文物登记系统"

如果把这件事情放在 20 世纪 50 年代初期,可能还好说;再往后一点放到"文革"之后,好像也能说得通;可是放到 20 世纪末期和 21 世纪的今天,就好像说不通了。在过去的很长一段时间内,大家从来都没有听说过福建省三明市大田县吴山乡阳春村,也不知道这里有个"普照堂",更不知道这个"普照堂"内还有个"章公六全祖师像"。而在资讯如此发达的当今时代,也没有见到过这尊祖师像被盗的报道。那么,基本上可以这么认为——这尊像不是很重要;或者说,此前的多次文物普查有严重的疏忽;又或者说,当地省市一级的文物专家没有认识到它的重要性。如果以此来推演的话,那在全中国各个村里的"寺""庙""堂""观"内还有多少重要的文物有待发现和认识?

客观来说,如果不是对即将在匈牙利展出的佛像进行 CT 扫描及内镜检查的话,就不可能发现其内部的秘密,就不可能引起人们关注它的千年不腐之谜,也就不可能引发远在中国的村里人的联想。如此看来,在考古学中运用科技手段很重要。中国各地还有多少千年文物需要做 CT 扫描及内镜检查？这或许是对文物的新期待。近十余年来，中国各地的博物馆越建越大，越建越多，基础设施的问题得到了很好的解决，然而，像这种对于馆藏文物诊断与修复的基础工作却是明显滞后。如果对藏在博物馆内的文物还没有达成基本认知，也就不可能关注到乡村里的散存文物。没有基本的认知，就谈不上基本的尊重与保护。正因为缺少基本的认知，所以出现了这样的情况："普照堂""由村里一位年长的，六七十岁的单身老汉看守"，"有人来了他就打开门，让大家参拜，晚上就把门锁了"，"十月廿四早晨，村里人发现'普照堂'后边的墙被挖了个洞，'章公祖师像'也不见了"。这是 1995 年。如果荷兰那位藏家收藏的佛像正是来自"普照堂"，那想想它的遭遇可能会令人五味杂陈。值得反省的是，为何屡屡出现的事端都说明专家们的眼光和能力不及那些偷盗者？那些偷盗者也没有用什么科学的仪器，就能判断这个物件具有较高的文物价值，而这尊肉身佛像世世代代都放在这里，除了村民的供奉尊崇，它的意义和价值为什么没有得到认同？现在国家的文物事业得到了史无前例的大发展，得益于文博学院教育的大发展，从事文物工作的人数也大幅度增加。可是，在文物考古以及美术史研究工作者越来越多的今天，像过去的考古学家和文物工作者那样深入地走田野、跑乡村的却越来越少，以致像"普照堂"的千年肉身佛像这样的重要文物得不到发现。如果靠文物的偷盗来引发文物的新发现，那真是非常可悲。

现在说这件肉身佛像有上千年的历史，它的被盗一下子就成了国家大事，所牵涉的问题不仅多而且非常之复杂。先说当年的失窃，因为它不在文物登记谱上，仅仅是村里的事，所以也就没有得到应有的重视，这是问题的根源。再说不管事大事小，它也是关系到供奉的事，报了案也得有个结果，然而结果是不了了之。如果它在登记册上，各地通力协查，也就不会流向香港。到了香港进了摩罗街，也就成了合法的买卖关系。直到现在为止，相关部门都不能说清摩罗街上鳞次栉比的古董店里哪些是偷盗的，哪些是可以买，哪些是不能买的。如果当年被盗的是文物而又能够纳入国家被盗文物清单的话，那么，买家和卖家只要对照目录就可以知道其合法性，对待那位荷兰人所采取的措施也就有法可依。

建立一个国家级的"被盗文物登记系统"非常重要，此次肉身佛像事件进一步证明了其重要性。根据荷兰《民法典》规定，"文物获取者必须对其获取文物的行为做尽职调查，其中一个重要方面就是排除文物是被盗文物的可能性"，而"排除被盗文物的方法，可以通过查询被盗文物登记系统，也可以咨询有关机构"。问题是，中国的"被盗文物登记系统"何在？而可以接受咨询的"有关机构"又在哪里？荷兰人如何在香港市场上去查询？又向哪个"有关机构"去查询？如果1995年没有的话，那是无话可说；如果现在还没有的话，亡羊补牢未为迟也。

不管现在关于宋代肉身佛像的最终结局如何，可以肯定地说，用真身夹贮法制作造像的方法应该得到应有的重视。而类似濒临失传或已经失传的传统工艺还有不少，更应该在国家层面上加强对其保护和利用。虽然现在保护的呼声越来越高，可是在具体的保护、利用上还是存在很严重的问题。尤其是市场化的今天，一些已经失去市场支撑或使用意义的传统工艺，其历史的审美的价值依然存在，有的简直就是文化的活化石，应该供养起来，留存历史，不能是外国人重视了，我们再重视。

因为宋代的肉身佛像流失到荷兰的问题，关于中国流失海外文物的问题再一次成为公众话题。海外收藏的中国古代文物是一个复杂的问题，绝不是简单的"流失"的概念，其有着千差万别的来源渠道。当然不排除"流失"，而"流失"之中还有掠夺的情况。如何区别对待，是一个复杂的问题，要有正确的认识。面对数量众多、情况不一的"海外收藏"，当下最关键的还是需要通过国际合作，进行类似于普查的基础工作。由中国国家博物馆组织编辑的《海外藏中国古代文物精粹》历时十年，最近出版了第一卷《英国维多利亚与艾伯特卷》。这一大型丛书的编辑，将由中国主导的海外收藏中国古代文物的系统整理和研究提升到国家层面。过去有些学者在国外的博物馆隔着玻璃拍展品，或通过翻拍图书画册而获取资料，往往是一己之力。现在基于与国外各博物馆的合作，资料收集在整体收藏基础上的选择远比展厅或画册中所见要全面，更重要的是这种国际合作将带来博物馆之间在其他专业方面的合作。

在国家层面上建立"被盗文物登记系统"，不仅能够在一定程度上制约文物的偷盗问题,而且可以在国际轨道上有效地遏制文物的外流。而类似这样的举措,包括国际间在更多领域内的合作,对于保护文化遗产、促进文化交流,具有十分重要的意义。

2015 年 4 月 7 日

艺术品收藏的知与行

现在艺术品投资比较热,大家也非常关心投资和收藏的问题。这个问题非常具体,但又非常抽象。我想任何人也拿不出一个完整而有效的方案来教各位如何去收藏,可是有一些基本的规律是存在的。所以,我今天所讲的只是一些基本的规律。

大家都很明白什么是收藏。要上升到理论角度谈收藏,可以总结出这么几句话:艺术品收藏是一种个人修养,是完善和丰富人生的终生努力,是持之以恒的爱好和信念的坚守,是与岁月相伴的精神和财富的累积,是能够传家和继承的世代接续。我想这可以作为对收藏的一个简单概括。

在艺术品收藏和艺术品市场非常红火的今天,我们来谈收藏的问题可能更多的是和金钱联系在一起,所以,这也是我多年来不愿谈这个话题的一个重要原因,因为我不太主张把收藏变成全民运动,使得原本具有丰富文化内涵和文化意义的收藏概念缩小为一个财富的问题。经常有人问我如何收藏,前几天还有朋友因为要买一张画,让我跟他谈一些收藏的问题,他说你得跟我讲讲。可一句话、两句话实在是讲不清楚这个非常复杂的问题。

让我来谈收藏只能从两个方面讲起：一个是"知"，一个是"行"。大家都知道，艺术品是一个非常宽泛的概念，其品类多种多样，有古今中外各不相同的时空背景，有不同的材质、类型，有丰富的文化内涵和艺术的表现，有各种形式和语言，有艺术家之间基于个人情感和表现的各种专业方面的差异，有可以把玩和品鉴的审美内容……所以，在这个包罗万象、异常丰富的艺术品范畴之中，我们要谈收藏的问题就得先明确自己收藏的是什么。在这个明确当中又有很多难以捉摸的问题、举棋不定的判断，下面我首先谈"知"。

"知"，是知识的知，是认知的知。在艺术品收藏的过程中，对艺术和艺术品的认知是至关重要的。这里面既有一般的知识，又有很精深的认识，它反映学习的成果，又表现为累积的过程。知是一个无底洞，也是没有尽头的海洋；知是伴随终生的学习，知也是实践过程的验证。在收藏的过程中，我们要了解很多的知识，这个知识能否运用到现实中来，验证就显得非常重要。很多知识是在验证的过程用来做一个基本判断的。我从六个方面来谈"知"的问题。

第一，认知其艺术特质和审美特点。在艺术品中，要认清这一个品类或若干个品类的艺术特质是什么，它的审美特点是什么。收藏者有喜欢书法的，有喜欢绘画的；有喜欢油画的，也有喜欢水墨的；有喜欢雕塑的，有喜欢剪纸的。在各种不同的类型当中，首先要了解这个品类的艺术特质和审美特点，每一个品类，它的特质不同，审美的特点也是完全两样的。因此，当我们在做一个基本判断的时候，需要有一个知识的基础，这是需要我们认知的基本的一个点。

第二，认知其艺术历史和传承关系。不管是哪个品类，它都不可能是凭空捏造出来的，必然有历史的传承，有发展的渊源关系。传承在艺术的发展过程中非常重要，考察历史和传承是知识的基础。比如某一位艺术家是从中央美术学院毕业的，而中央美术学院是徐悲鸿先生所创立的，有很多名师、名家。这些名师、名家和学校历史之间的关系，也是我们在认知过程当中需要不断了解的。因为这样一种历史和传承的关系，会反映到艺术家的具体创作之中，也会表现在其成就的特点上。

第三，认知其材质特点和工艺成就。比如说木雕和砖雕不一样，油画、水彩和水墨材质也不同，分别有着不同的艺术特点。材质的特点与工艺方面的成就，是我们了解这一门艺术所必须要认识的，因为它反映了艺术语言和艺术制作或者创作的方法。对于同一位艺术家来说，比如马蒂斯，油画和剪纸首先表现为材质上的不同，那么，艺术语言和艺术形式也就完全两样，从收藏的角度来看，其价值就会相差很多。

第四，认知其文化关系和地域特色。这里的文化关系是指与艺术门类相关联的一些核心内容。比方说中国的水墨画，它反映了中国最核心的哲学和美学，它和中国每一个时间段文化上的主要成就相关联，和中国的书法、诗歌等很多表现形式有内在的联系。另外，每一门类的艺术都有一些地域的特色，譬如是属于岭南画派还是海上画派，是长安画派还是京派，需要有基本的认知。地域的特色，往往能够表现出某一门类的艺术或者这一时间段内的艺术的审美特点。

第五，认知其表现语言和形式风格。每一种艺术的表现语言不一样，不同的艺术家对于同一种艺术所使用的艺术语言也不一样，因此，它们的形式风格也就完全不同，比如中国画中有工笔和写意之分，油画有具象和抽象之别。至于绘画中是现实主义的、浪漫主义的，还是表现主义的，这些艺术语言和形式风格大相径庭，就会影响到它的一些外在表现。对于一位艺术家来说，其艺术语言和形式风格也不是一成不变的，会在不同的历史时期呈现出不同的表现语言和形式风格。

第六，认知其历史地位和现实的表现。因为每一种艺术样式或艺术类型在一个特定的文化区域内，都有着不同的历史地位，也有着现实的表现。比如中国的水墨画在千年的文化传承中占据主要地位。油画从西洋而来，它在中国只有100多年的发展历史，国内公众对它的接受程度可能远不如传统水墨画。在收藏的过程中，藏品本身可能会指向某一个时间段或创作者的某一点，而对于其历史地位的认知也存在着变量。创作者可能在历史上没有成就，比如说郑板桥，生前的名气并没有现在的名气大，50岁才当县令，人们不断发展的认识改变了他的历史地位。比如黄宾虹作为20世纪中的一代大家，他在20世纪50年代至60年代的很长一段时间内不为人们所重视。像齐白石这样一个木匠出身的画家，只身来到京城，被京城的学院派和很多画家耻笑，认为他完全是来自乡间的一个民间艺人，和传统文人画格格不入。这一对于历史地位和现实的认知，是我们判断其收藏价值的一个重要指标。

以上六个方面，是在谈"知"这个理念时需要考量的。当然，这六个方面彼此之间有关联。在讲了这六个方面之后，一定会有人问，如何获得认知呢？要获得认知首先要有一般性的知识储备，另外就是要有关于收藏的知识积累。一般性的知识储备可以通过学院教育，也可以通过自学，可以通过像今天这样的讲座，也可以通过其他的方式来获得。关于这个问题，也可以从以下四个方面着手：

第一，读书以获得知识。我们可以大量地阅读艺术史、艺术评论，阅读古今中外名著，包括一些指导性的图书。但是，要提醒大家的是，现在社会上有各种媒体、图书，其导向性未必都是正确的。自古书就有两种，一种书读了是有用的，一种书读了是没有用的，甚至是有害的。通常来说，关于艺术的认知，我们最初的学习还是要通过读书来获得基本知识。多读以求得广博，精读以通向渊深。

第二，研究以获得能力。你喜欢哪一样东西，就要去研究它。你不研究它，而仅仅是有一些书本的基础知识，那是远远不够的。有针对性地面对某一艺术品类、某一具体作品，研究它的历史渊源和艺术特点，研究它在同一类型艺术中的历史地位或现实地位，研究它在同一艺术家作品中的前后关系，研究它在同一艺术家中的重要性，只有这样，你才能对这个品类或者这件作品有进一步的了解把握，才能有依据地下手。

第三，求教以获得博学。古人云"三人行，必有我师"。在座的各位各有各的专长，可以在彼此求教的过程当中丰富自己。不耻下问，在收藏的过程中非常重要。艺术品收藏有很多的圈子，几个人相互切磋，就是为了获得更多的认知。我们也看到拍卖会上有很多的收藏家，三五成群在一起拿个放大镜研究、讨论、判断有没有价值、有没有意义，是真的还是假的等，这就是求教。艺术品收藏中哪怕是某一个具体的小问题，都有非常深奥的学问，其中的核心问题绝大多数都不是书本上的。

第四，实践以验证所学。当我们获得很多知识之后，面对浩如烟海的各类艺术品，如何去收藏，这需要实践。对任何一位收藏家来说，收藏经验都不可能生而知之，一定是学而知之的，一定是在实践中使相关知识经验不断增强的，一定是在打眼的经验教训中成长起来的。这个知识和经验的实践，有时候是要交学费的。很多收藏家在前期都有这样的经验，花了十万八万买了个假的。哪怕是花了三五百块买了个假的，都是挺恶心的。买到假的东西，这是很常见的事情，我们看到电视台上有各种鉴宝，王刚举个锤子砸"宝"说是假的，这就是学费。收藏交学费是正常的，当然，你如果做到前面说的几个要点的话，可能会少交一点学费，少走一点弯路。

那么，如何提高认知？在进入专业领域时，我要告诫你们的还有以下几个方面：

第一，是不断学习以丰富知识的积累。知识是没有穷尽的。如果收藏陶器，你可能选择新石器时代的陶器，有马家窑等不同的文化类型。如果选择六朝，那六朝和新石器时代之间有什么关系，和后面的隋唐之间又有什么样的关联，这些都需要我们不断地学习。不同的时代，不同的地域，不同的器形，不同的纹饰，不同的工艺，其中的知识量极大，学习不能浅尝辄止。也不能今天我认识了、有了基本的判断，我就能看清这个问题了，或者说这个问题就到此为止了。过一天有可能就有了新的考古发现，出现了新的品类或者新的作品，可能完全颠覆了你以前的认知，又提出了新的问题，而这个新的问题还需要不断地去学习和研究。

第二，进行专题研究以提高认知的能力。知识很抽象，但有些又非常具体。如果没有一定的专业研究，你进去了以后，既不知道它的价值和意义，又不知道它的真假，更不知道它未来的结果如何。所以，专题研究可以解决你在专业领域入门的门槛问题。专题的研究与认知能力的提高，是彼此联系在一起的，只有不断地进行一些特殊的专题研究，才能不断提高自己的认知能力。

第三，选择专题与挖掘认知的深度。这两方面是紧密关联的。比方说现在集邮收藏人数最多，数以百万、千万计。这个很简单，一张邮票，说价值多少钱，有些拿来就可以变成硬通货，没有什么认识上的差异。不是说我认识提高了，这张邮票就能够卖高价，不存在这个问题。所以，我们要选择具有一定学术含量的专题，在专业范围内来提高认知的深度，在挖掘认知深度的同时提升文物或艺术品的价值，这也是收藏的一种境界，我后面还会专门来谈这个问题。

"知",不管是知识,还是能力、实践,或是和知识有关的问题,都可以说非常抽象也非常具体。抽象的是,它非常广博,非常复杂,有些只可意会难以言传,有些难以指向某一个品类中的某一个具体问题。只有我们进入了具体实践过程,才有可能把我们在艺术品收藏中遇到的若干问题和我们的知识联系在一起,才能发挥"知"在具体实践中的意义。

在收藏领域,"知"的目的是为了"行"。下面我就讲"行",这也是我今天要跟大家讲的重点,可能会有一定的指导性。

"行"是艺术品收藏的具体实践。如何选择适合自己的专题,是摆在大家面前的一个非常现实的问题。许多人有钱,也喜欢收藏,但就是不知道收藏什么。是收藏钱币还是收藏书画?是收藏油画还是收藏水墨?是收藏工笔还是收藏写意?是收藏齐白石还是收藏吴昌硕?这里面有很多的选择,既有历史的,又有当下的,既有中国的,又有外国的,包括今天我们在座的资助中央美院青年学生的作品,都在各自的选择范围之内。为什么选择这种而不选择那种?只因为喜欢和爱好。那么,我们如何来选择呢?这是每一位收藏家都遇到过的,也是刚进入收藏领域的人首先遇到的一个入门级问题。

收藏,通常反映收藏家的身份和收藏类别。你收藏什么,在进入这个领域之后,人家自然会把你分到那个圈子里面。你收藏书画,有成就之后,人家自然说你是书画收藏家、油画收藏家。专门收藏当代的,专门收藏青年艺术家的,都有了一个专业方向的指认。不同的圈子区分了不同的身份。

在收藏的专题方面，可以是一个专题终其一生。有人一辈子就是收藏一类艺术品，可能一辈子都收藏中国画，不玩陶器，也不玩雕塑，再好的雕塑也不收藏，凡·高的画卖价再高，也不喜欢，他就是喜欢中国画。也可以几个专题并举，主要看精力，看实力，看可能。我自己也收藏，我不知道在座的有没有人看过我的网站，我的网站中也有我的收藏，有好几个专题。我自己有一个私人博物馆，叫油灯博物馆。我收藏油灯30年，但是，我也收藏其他，比方陶器和一些专题的书画。所以，收藏可以以一个专题为主，也可以几个专题并举，只要你的财力、学问、能力、精力足够，你喜欢什么就收藏什么，关键的问题是自己要把握好。有人有雄心壮志，要收藏几个专题，结果囊中羞涩；有人很有钱，但是他不知道收藏什么，看到满眼都是好东西，结果家里面像杂货铺；也有人看到喜欢的就收，结果假的一大堆，没有学问，没有眼光，没有能力。当然，玩得好的杂家也是值得尊敬的。如何来选择一个专题，这是我们谈收藏时需要面对的。

通常来说，好的或者有意思的专题，应该有丰富的文化信息，有悠久的历史渊源，有多样的艺术审美内容，有独特和专门性的趣味，有与收藏家相关的内在联系。从理论上来说可能就是这么几个方面。某个专题好，有意思，首先是有丰富的文化内涵，它不是一件很简单的东西。收一块石头，说一破开来里面是翡翠、宝石，这个石头里没有文化内涵，没有文化信息。有人收藏砖，砖固然好，它有历史性的价值，秦砖汉瓦，结果砖上面既没有文字也没有图案，就是一块素砖而已，这就不太有意思。

选择的专题要有悠久的历史渊源。通常来说，我们收藏一件艺术品，历史跨度越长，文化信息就越丰富，收藏的趣味和品位也就随之增加，同时有更加多样的艺术审美的内容。就收藏书画来说，因为书画的时代、种类、画家等有很多变化，很专业，信息很丰富，也有丰富的审美内容。就像我刚才说的石头一样，有很多石头很好、很美，天然去雕饰，本身就是一件艺术品；但也有些石头很普通，有可能是基于经济价值来收藏，它就没有太多的审美内容。是否具有独特和审美性的趣味，这点很重要。

收藏的专题有没有与藏家相关的内在联系？这是一个有意思的问题。这个内在联系是什么？它跟你有没有关系？是一种什么样的机缘？当然，就收藏论收藏，也可以跟你完全没有关系。你可以从历史和艺术及其他各方面去考量，不管它跟你有没有关系。我举个简单的例子，今天这一批学生的作品展示出来了，在座的也看到了他们的潜力，资助他们了，他们就跟你有了关联，你收藏他们的作品，反映了你的判断，那么，它就有了收藏之外的另一层意思。

若干年前，我在成都的迎仙桥古玩市场发现了一个汉代的西王母油灯，眼前就为之一亮，因为它跟我有关联——不仅与我的油灯收藏专题有关，还因为我当年写硕士论文就是以东王母和西王母、伏羲和女娲两对主神为研究对象。它跟我有了这样的关联，就有了特别的意思。我专门收藏油灯，因此，我请海峡两岸一百多位画家朋友给我画油灯。油灯画这个收藏专题只有我有，没有第二个人专事这项收藏，这就表现出了独特性。但更重要的是，这个专题跟我自己有关联。所以，我比较强调收藏与藏家的关联问题。

对于某一收藏专题的确定，我们是从一而终，还是半途而废？从一而终是一种，还是有数种？比方说我选择收藏油灯，已经持续了30多年都没有改变，但不代表我不收藏其他。藏家可以在收藏的过程中不断调整。我在收藏中就遇到过这样的情况，经常会有一些人把他自己收藏的油灯卖给我，因为他的体系性没有我强，也不够专门，这盏油灯对他来说可能并不是很重要，但是，对我来说很重要。比方辽代时间非常短，因此辽代石头雕刻的油灯存世总量也就非常有限，但就有一个藏家，一下子卖了我十几盏，他也是花了多年去积累的，这说明他在调整他的收藏。每个藏家都有可能在收藏的过程中调整方向，但是，也有一部分人是在一个多年累积的过程当中逐渐固化。十年、二十年以后，最终决定了是要收藏哪一个专题，然后放弃其他专题，这种情况也有，但这都不是重要的问题。职业收藏家和业余收藏家还是有一些区别，我这里更多的是讲职业收藏家，或者终生从事收藏工作的人。

那么，怎么选择收藏的专题或收藏的方向？可以从四个方面去考量。

第一，从自己的爱好出发。爱好很重要，从爱好出发，收藏的对象是自己的爱好，可以说这具有普遍的规律性，十个收藏家可能有九个半都是收藏自己喜欢的。藏自己之所好，是据为己有的基本前提，好则爱，爱则藏，这也是一个基本的规律。

第二，以自己的知识为基础。喜欢了不代表就懂了，所以要以自己的知识为前提。俗话说，隔行如隔山。如果没有知识基础而贸然进入，可以说很难有一个如愿的结果，相反苦恼往往随之而来，这是与知识的背离而导致的苦果。这里就遇到了"知"的问题，以知识为基础来选择自己收藏的专题。也有这样的情况，因为喜好、为了收藏而恶补知识，努力学习，打好基础，这样在干中学的一个典型是收藏家刘益谦。

第三，以自己的能力为参照。自己的能力是必须面对的问题，审视自己的能力是收藏活动甫开始就必须要考虑的。经济能力是基础，个人的行为能力包括获取藏品的可能性，也是必须要考虑的问题。经济能力比较好理解，个人的行为能力可能不太好理解。个人的行为能力除了前面所谈的知识前提，还有一种获取藏品的能力，比如你特别喜欢商周的鼎，可是它数量少，基本上都在博物馆里，而墓里面挖出来的如果没有合法来源又要犯法，那就不可能收藏了。所以，你没有能力获取，或者十几年才得到一件，那就很难成为一个专题。如果你喜欢漆器艺术品，而漆器的保存非常困难，它需要一些专业设备才能保管，你自己收藏了却没有保管条件，没几天就坏了。所以，这个能力包括很多方面，重要的是你获取的可能性、保管的可能性等。

第四，以能够持之久远的可能为方向。持之久远对一位卓有成就的收藏家来说非常重要，这个方面也包括经济能力和藏品资源。绝大多数收藏家，或是从事收藏的人，很难做到持之久远，几十年如一日把一样东西收藏好。经济上的问题，比如有个老板他很有钱，看到拍卖行里面哪个贵就买哪个，几年下来，公司倒闭了，就收藏不下去了。另外还有一个藏品资源的问题。当你今年在古玩市场或拍卖会买了一个比较稀少的南朝陶罐，接下来可能买了三五个，买了十个二十个，再往下突然发现市场上没了，找不到了。或者可能是国家打击盗取文物的力度加大了，或者是地下出土的没有了，市场上流通的也就没有了，那也就无法持之久远。再举个简单的例子，你与中央美院设计学院合作，今天设计学院是王敏教授当院长，过了几年他或许不做院长了，这在中国或在外国都一样，换了个人就换了个事儿，没法合作了，不可能持之久远，这是经常发生的事情。所以，这也是我们在选择专题的时候需要考虑的多方面因素。

从以上四个方面来决定收藏的专题，供大家参考。下面我谈谈关于收藏"知"与"行"之间需要考量的问题。在"知"与"行"之间，我们可以做很多事情，可以从六个方面来考量收藏品的价值、意义、品位，以及它在收藏界的地位，它的未来前景等。

第一，藏品的稀缺性是其价值的决定性因素之一。有类藏品很少，是稀缺的，存世的只有数得出来的那么几件，那它的价值就比较高。稀缺性因素决定价值，决定获取的难度，这是大家可以理解的。材质的稀有、存世的稀少、品类的罕见，都有可能制约收藏，决定收藏的重要性。比如有一个人收藏了很多古物，有较高的历史和艺术价值，这些古物连国家博物馆里都没有，全部都到了他的手中，那么，它就表现出了独特的价值。在这其中有一个基本的规律,大家可以记住:如果喜欢书画的,注意同一位画家的少见的题材和材质。某一位画家一辈子画过很多相同题材,比如说齐白石画了很多虾,他自己说画茨菰不下万幅,它不具有稀缺性,但不代表齐白石这类题材的画就没有价值。齐白石画的那幅苍蝇之所以卖高价,就是因为它没有第二张。如果突然有一天发现齐白石在木头上画了一张画,而不是画在宣纸上的,那实在是绝无仅有,它可能就表现出特别的价值或意义。另外,在书画这一领域,同一位画家最大的或最小的画,都会引起特别的注意。比如徐悲鸿画马有若干,一般四尺三开或四尺整纸大小。如果有一个人收了一张八尺大的徐悲鸿的马,对于徐悲鸿作品的收藏来说就有特别的价值。但是,我要提醒你们,这种所谓的最大、最小,都是目前市场上造假的主要对象。为什么要造这个假?就是因为稀缺和罕见的缘故。多年前,在上海博物馆举办过一次傅抱石金刚坡时期的作品展,全是台湾一位藏家收藏的丈二尺幅的画。抗战时期在重庆的生活是傅抱石最艰苦的阶段,连画画的案子都没有,把一扇小小的门拿下来搁在吃饭的小桌上画画,所以他不可能画丈二那么大的画,况且抗战时可能连丈二的宣纸都找不着。所以这一批金刚坡时期的丈二大画,都是造假集团的作品。客观的规律就是这样,在市场上能够遇到这种超大的,它一定表现出特别的价值。另一方面,它可能是最小的。某一位画家有一件作品是存世最小的一幅画,还是拿徐悲鸿举例,可能他一生中画了一张最小的马,那它也有特别的价值。另外,一位画家一生中最早的或者最晚的作品也有特别的意义。比如我们今天发现一张齐白石十几岁时临摹画谱的画，也特别有价值。对于外国的艺术家也是如此，现在已知罗丹的《青铜时代》是他最早的代表作，如果突然发现比它更早的作品，它也有特别的价值，因为它具有刚才我们所谈到的历史性的特点。还有最晚的，比方说齐白石去世前一天画了一张画，这是他有生之年的最后一张画，它也有特别的价值。这些都表现出一个稀缺性的特点。收藏的稀缺性一直会引导着收藏家们去搜寻一些特别的作品，同时也成为造假集团所关注的对象。

第二，收藏的难易度是考察其收藏价值的重要指标。如果某一个人收藏有5张宋画，而且这宋画都是真的，大家会认为他了不起，可以是说大藏家，因为世上稀缺，民间极少。徐悲鸿曾收藏《八十七神仙卷》，现藏在徐悲鸿纪念馆，博物馆也没有，这就是难易的程度。比方说在我的收藏里，有新石器时代的陶豆，它是油灯的雏形，我有30个，因为它数量少，所以这方面收藏有难度。难度包括年代的久远、藏品的稀少、获取的困难，也包括巨额的付出，常人难以办到。这几个方面的难易度是重要的考量指标，因为年代久远，书画保存不易，现在能找到元代的绘画就非常了不起，突然有宋代的画，就更了不起。在这种难易度的基本考量中，还有个数量的问题。有些书画世上所传的只有那么几件，这是可能性的问题，也是一个重要的考量。另外就是获取的困难，这之中包括经济的问题。可能拍卖会里偶尔会出现宋画，喜欢，想要，但动辄以亿为单位的要价，对于绝大多数人来说只能望洋兴叹。

第三，收藏的规模是衡量其成就的主要方面。收藏需要有一定的规模，没有一定的规模，不能称其为完善的收藏。有规模而成体系，有规模而蔚为大观，有规模而能在比较中胜出，规模非常重要。为什么说收藏工作是一项艰苦的工作？它需要有耐心的工作，需要终其一生去不断地努力，是要倾家荡产去为之付出的一项事业，要有一定积累而成的规模。如果没有规模，正如独木不成林一样。比如收藏油灯，三十个五十个搁在家里，朋友来一看，不错，这收藏挺好的、挺多的。但三十个五十个不成其规模，有了数以千计就有一定的规模。比如收藏青年艺术家的画，70后、80后的，天南地北的都收，收藏不过来，因为太多了。而如果坚持收藏，积累很大的数量，而且又有很长的时间延续，哪怕只有总数的百分之一二，那也是巨大的规模，也很壮观。从投资的意义上来看，可以等待未来。规模的问题对于绝大多数收藏品类而言是没有底线、没有穷尽的。比方说我收藏油灯，现在有很大的规模，汉代的就有100多个，但不能说就到此为止了，它没有止境。收藏齐白石作品，虽然现在市场上还有不少，但是真赝并存。齐白石画过数以万计的画，但分到各个收藏单位、私人手中，多的有北京画院，其收藏的齐白石作品数以千计，其他有的三五百张，有的一二十张，规模不等，而能够流通的是有限的。如果决定选择收藏齐白石，就要考虑它的难度，首先是现在市场的价位较高，以十万为单位，可能难以成规模。如果收藏20世纪的中国水墨画，其范围就很宽广，可以以100件500件为目标，这个可能性就比较大。题材越宽，可能性就越大，越容易形成一定的规模；题材越窄，名头越大，收藏的难度就越大，就很难形成规模。当然这种专门性的题材还有一个历史渊源的问题，如果这个题材只有某个时间段有，而且离现在比较久远，那也难以形成一个很大的规模。所以，收藏的规模也是藏家必须要考虑的一个问题。

第四，收藏的品质是评价其质量的核心内容。收藏为什么强调品质问题？如果没有品质，规模再大也没有用。还拿收藏油灯来说，你可以收藏民间的油灯，一两百块钱买一个，一次可以买上百个，不用几年就数以千计，但都是常见的、重复的，没有应有的品质，也没有什么意义。如果以收藏青年艺术家为专题，因为现在的年轻画家很多，每年院校培养出数以万计的画家，你也可以全部都买了，买个一万张，也不用花太多的钱，但是没有选择，没有品质，没有藏家应有的智慧，就不是这个专业里面最顶尖的水平。所以品质问题可以这么理解：它是否为同一时代、同一作者、同一材质、同一题材的代表作。同样以收藏齐白石作品为例，只要是画，水平就有高有低，品质就有好有坏。如果你收藏的这几张很普通，虾米、茨菇多的是，齐白石自己说过不下万幅，你只收藏了其中之一二，而且在同类题材中画得都很一般，那就能说明你的收藏品质不高。如果收藏徐悲鸿的马，所选也不是画得最好的，就难以为时人所重。这些都是基本的考量。品质的问题还可以从两个方面来看：历史是否久远？这在同一个品类里面很重要。在中国书画领域，时代愈远其价值就愈高，相比较下，眼前的东西其价值就相对要低。艺术是否精良？这也很重要。比方说，你收藏了一张达·芬奇的画，这在全世界算很了不起了，但是你这幅达·芬奇的画可能只是一张很简单的工程图纸，虽然也算一张画，可是从全局来看，就不够精良，它的价值就很难和《乱发的少女》那样绘画性强的作品相比。所以，收藏的品质是我们特别要关注的一个内容。

第五，收藏的文化含量和知识含量可以检验其品质。收藏各式各样，品种五花八门，与之相应的收藏家也是各色人等：有的追求文化，有的重视价值，有的搜求内涵，有的瞻望增值。文化含量和知识含量的考量，可以检验收藏家的品格。当下中国有很多从事收藏的人，并不具有藏家应该具有的文化品格。许多藏家是基于"宝"的概念，过多地观望自己的收藏增值问题，忽视了收藏的文化内涵和知识含量。所以，收藏无品，收藏家也没有品。收藏无品难成家。收藏的文化含量和知识含量与品格的问题，是收藏的一种境界。

第六，藏品来源以及藏家与藏品的关系可以审视其趣味。藏品来源是多方面的，可能是从民间收过来的，可能是拍卖会买来的，可能是画家赠予的，也有可能是祖上传下来的。为什么考量收藏最后要谈来源的问题？因为来源也非常重要。比如同样一张齐白石的画，有些是常规地从拍卖会上买的，之前跟藏家没有什么关联。但若是藏家祖上传下来的，比如齐白石跟他爷爷有过某种特别的关联，或者他爷爷过去资助过齐白石，或者齐白石住过他家，或者齐白石到他家吃过饭，饭后画了一张画等，这些丰富的来源信息可能会决定这件藏品的知识含量。文化含量和知识含量会检验藏品的品格，而来源往往会增加藏品的收藏趣味。一件有着复杂的流传关系、有着动人故事的藏品，将具有特别的趣味，如元代黄公望的《富春山居图》，因为分处海峡两岸而获得了当代政治上特别的地位。收藏中的流传有序，不仅是鉴定上的一种依据，更重要的是为这幅画附加了许多藏家的内容，而有关的题跋更是丰富了藏品的信息。

以上综述，实际上是综合了艺术品收藏的知与行需要考量的六个方面。如果给收藏家简单地下个定义，真正的收藏家应该是物欲的满足与精神的充盈两者完美结合的人，既拥有了这件藏品，又因为拥有而感到精神上的充盈。不仅喜欢它，而且研究它，视它为生命。历史上很多藏家是把自己拥有的艺术品作为生命的。众所周知的分藏于两岸的《富春山居图》，因为有被焚烧的经历，形成了海峡两岸各执一段的局面。这幅画在明朝末年传到收藏家吴洪裕手中，他极为喜爱，甚至在临死前下令将此画焚烧殉葬，后来他侄子将画从火中抢救出来。类似的故事在中国历史上还有很多。国外的一些藏家往往是把收藏品捐给国家，留作后人永久的怀想。

物欲的满足与精神的充盈，如果不能完美结合的话，收藏者就不是真正的藏家。真正的收藏家应该是对藏品有深入研究的研究者，他是藏品的持有人和保护者，更是藏品的研究专家，还是藏品以及相关文化的推广人。"推广"这点也非常重要。我反复讲到对藏品的研究问题，就是因为当下很多有钱人，他们是将藏品据为己有为目的，并没有真正的喜欢，没有真正下功夫去研究，这种喜爱是浅层次的、表面的。真正的收藏家还应该是艺术史研究的贡献者。我们知道很多收藏家，他们对艺术史研究有着重要的贡献。如著名的美籍华人收藏家王季迁先生，他的藏品一部分捐给了美国大都会艺术博物馆。他的收藏、研究、眼力、判断，对中国绘画史都有所贡献。美国的一些前辈艺术史家都是藏家，我的收藏经历也是受到他们的启发。20世纪80年代初期我从事艺术史研究的时候，深感要看到艺术品真迹非常困难，所以希望学习美国人，从研究自己的藏品开始，因为美国的一些艺术史家往往也是如此。对于艺术史家来说，收藏相关的艺术作品对于延展自己的学术生命、扩大自己的学术领域是非常重要的。一般的收藏家如果将自己的收藏作为对象而努力下功夫研究的话，也可能成为某一方面的艺术史家。

真正的收藏家还应该是保护人类文化的奉献者。因为收藏不仅是据为己有，更重要的是一种文化的保护。比如经常有人问我，你为什么收藏油灯？油灯是与中国文化联系最为紧密的一个物件，古往今来无数的文人在油灯下成就了他们的诗篇，创造了他们的文化成果。同时人们在油灯上有无数工艺和无数的创造。所以，收藏是收藏一种文化，也是保护一种文化，使之不为后人遗忘。收藏是一种对民族文化记忆的保护，也能激发更多的后人通过它来了解先人的创造。作为一种保护，收藏者有责任精心呵护自己的藏品，不能让它们受到损坏。

基于上面所谈的有关收藏的"知"与"行"这些问题，最后回到前面，通过一个个案——当下最火的两位收藏家，来谈收藏方向的选择问题。这两位收藏家大家可能都耳熟能详，是一对夫妻。丈夫是刘益谦，买《功甫帖》和鸡缸杯的，最近又买唐卡。他的夫人王薇，专事20世纪中期主题美术创作收藏，俗称"红色经典"的。这两位收藏家同吃一锅饭，收藏的方向却截然不同，这就是因人而异。他们的收藏表现出了不同的品位，客观来说，两位藏家都不是与各自收藏内容相关的专家，也不是显赫的文化人，可以说读书并不多，但是他们之所以在当下收藏界有如此之大名，首先得益于各自收藏的规模和体系。刘益谦近年一直以亿为单位投入收藏，一而再、再而三地在收藏界掀起波澜，加之在黄浦江岸为收藏而建立龙美术馆，让世人刮目相看。在他们两人之间，我历来不断赞扬王薇而批评刘益谦。刘益谦最近又变成了坊间流传的"任性哥"。就收藏而言，理性和任性之间是一种什么样的关系？刘益谦是在不断地变换着自己的收藏方向，尽管还在中国古代这个大的范围之内，可是其导向是专门收贵的，好像是哪样东西稀少而价格高昂，他就收哪样，有点东一榔头西一棒的味道。王薇是持续多年一直收藏延安以来的革命题材的绘画和雕塑，在这个专题范围内，可以说全世界没有一位收藏家能够与她相比。可是，在全世界范围内，就刘益谦收藏的那些中国古代艺术品，能跟他比的人有很多。这就是智慧的差距。所以，我讲收藏品类的选择是需要高度的智慧，这不是一个完全关乎金钱的问题。

最后，我希望在座的各位如果将来能够成为著名收藏家，可以在自己生命的末期，像西方很多收藏家一样把自己的藏品捐献给国家。西方国家之所以有数量巨大的博物馆收藏，是因为有无数的收藏家捐赠，但是中国没有这个传统，我们是传子孙而不捐国家。自己的收藏虽然归一己所有，但是，要想到与大家共享的问题，只有与公众分享才能显现收藏的意义，这也是收藏的一种境界。

本文据 2014 年 12 月 8 日在中央美术学院设计大楼红椅子报告厅所做的专题讲座整理而成。（文字整理：沐一韩）

〉〉〉〉〉〉〉〉〉〉〉博物馆之展览

博物馆因展览而精彩

藏品和展览是博物馆发展的两翼。没有藏品,博物馆没有起码的立馆基础;没有展览,博物馆只是藏品的库房。藏品的多少以及藏品的范围与质量,决定了展览的内容与规模,以及不断推陈出新的能力。展览是博物馆连接社会与公众最基本的方式,也是塑造博物馆形象的最前沿的窗口。博物馆展览的品质、规模、数量等是自身综合实力的展示,也是对外交流的桥梁,同时关系到博物馆的生存与发展。

展览是博物馆的窗口,藏品是博物馆的后台。展览和藏品共同支撑着博物馆的成长与发展,所以,博物馆的展览工作历来受到馆方的重视与公众的关注,展览被视为工作的重中之重。2016 年,卢浮宫博物馆发生枪击事件,受公共安全因素的影响,卢浮宫的观众数量明显下降。为了扭转这种颓势以及挽回卢浮宫的声誉,卢浮宫博物馆从 2017 年 2 月起倾力举办了"维米尔与黄金年代"这一重要的展览,一时观众踊跃,盛况如前。当看到这一展示"孤立天才"维米尔的展览时,人们好像忘记了此前的公共安全问题。展览在博物馆中的特殊作用由此显现。可以说，展览工作对于博物馆来说是至关重要的，做好展览与做好的展览是博物馆获得大众认可的常规手段。

中国国家博物馆（原"国立历史博物馆"）自 1912 年筹备开始，就努力为 20 世纪的中国建设一个代表国家的公共文化机构。限于当时的条件，"国立历史博物馆"并没有能力举办展览，藏品也是寥寥无几，更重要的是居无定所。直到民国七年（1918 年）7 月从筹备处的国子监迁址到故宫的端门与午门，才算是有了一个基本的馆舍，由此开始了筹备开馆的工作。所谓的开馆是对外开放，不是开放库房或其他空间，而是开放展览。开放展览是开馆的标志。8 年之后的 1926 年，"国立历史博物馆"在紫禁城内对外开放，展

2011 年 5 月，中国国家博物馆的"艺术时空之旅"

览安排在属于故宫午门的大殿之内。虽然这是国家博物馆历史上的第一个展览，却是一个非常简单的陈列，这种陈列就好像世界上第一座公共博物馆的初始那样，只是把自己的收藏铺陈在展柜内或悬挂在墙壁上。这种陈列的方式，又类似于此后世界博览会的展品陈列，是没有经过学术梳理和展览策划的一种展示。因此，在博物馆的发展过程中，人们逐渐淘汰了简单的陈列方式，创造了经过展览策划、主题确立的展览。

博物馆的展览基于对藏品的研究，经过学术梳理和策划，树立了明确的主题。完全不同于杂货铺那样的陈列，博物馆展览的主题经过展览策划，具备了超于藏品自身内涵的学术力量和学术品质。而从展示方面来看，展览也不是杂货铺陈列中的商品归类，藏品的学术性和它们之间的关联性通过展览的策划而获得提升，同一藏品在不同主题的展览中又焕发出了新的生命，这就表现出博物馆的展览工作和藏品的研究、展览的策划之间的联系。以展览来带动收藏和研究，也就成了博物馆的基本工作，推动着博物馆事业的发展。

博物馆的展览是丰富多样的。在"铁打的营盘、流水的展览"这一基本规律中，展览不仅是面向当下，而且其影响力的长远性可能超乎想象。它可能会长久驻留在公众的心中，成为研究的对象，成为人们的谈资，成为公众的记忆，成为一个时代的联想。尽管有些展览已经过去了很多年，甚至时代都已经翻篇，但是，人们依然会记得那些曾经给人启发、予人教育、令人激动的展览，人们依然会通过这些记忆中的展览来回想自己与博物馆的关联，这就是博物

2013年11月,中国国家博物馆的"鲁本斯·凡·戴克与佛兰德斯画派——列支敦士登王室珍藏展"

馆的公共性。从这方面来看,具有特定主题的展览所展示出来的不仅仅是主题和藏品、学术内涵和藏品的关系,还有博物馆散发出的文化和艺术的魅力。受这种魅力吸引,人们对于博物馆的依赖也就成了博物馆生存的基础,成了博物馆的一个重要的组成。所以,人们不断走进博物馆,许多展览成为几代人的记忆。

博物馆展览的多样性使得博物馆在联系公众方面显现出了特别的魅力。因为有了这种多样性的展览的存在,所以全世界的博物馆都通过展览的方式联系公众,并使自身在城市中成为文化的地标,在国际上成为国家文化的窗口。中国国家博物馆已经走过了105年的历史,可是,展览的年轮并没有与之对应,其中历史的原因显而易见。有了国家的强大,才有博物馆的强大,才有博物馆展览的丰富和多样。自1926年以来,中国国家博物馆先后举办了无数的展览,每一个时期的展览都有着鲜明的时代烙印。2010年之后，中国国家博物馆经过改扩建而成为世界上单体建筑最大的博物馆，展览空间的扩大所带来的展览的多样性和丰富性，见证了国家的复兴和强大。因此，系统研究中国国家博物馆的展览历史，不仅是一种总结，也是在总结基础上的反思，更能在反思基础上促进展览和其他工作的提升与发展。

中国国家博物馆在发展过程中逐步确立了"历史与艺术并重"的发展理念和展览定位。以"古代中国""复兴之路"为代表的常设展，以藏品为主导的专题展，以国际交流为目的的交流展，以联系和服务社会为宗旨的临时展，构成了4个方面的展览特色。关系到文明传统与当代创造的古今中外的展览汇聚一堂，琳琅满目，成为吸引公众走进国家博物馆的重要力量。国家博物馆在前行的过程中，展览的水平也不断提高，从展览策划到布展，从与展览相关的公共教育到传播，从新的技术手段到新的方式方法，都在为展览增加新的内容，也在为展览工作助力。日新又新的展览，为国家博物馆增添了生机和魅力。博物馆的展览永远在路上。

作为中国国家博物馆的一员，我曾有幸参与策划了很多展览，并为之骄傲和欣慰。许多经过学术梳理和策划而令人难以忘怀的展览，以及早已被人忘记的展览，共同构成了国家博物馆展览的历史。对博物馆展览的梳理和总结，实际上是对博物馆展览的研究，也是博物馆学的一个方面。正因为有了这样的梳理，我们才能了解国家博物馆展览工作的历史和它的发展过程，而这样的梳理，也让我们得以了解一座国家级的博物馆在20世纪以来为中国博物馆事业发展所做出的贡献。当然，对于展览的研究也是一项系统而复杂的学问，这之中有宏观的把握，也有个案的研究，有阶段性的总结，也有类型和类别的探讨。而在这一研究中，展览策划、展览设计、展览布展、展览推广等，既有关联性，又有独立性。如何从具体操作中反映时代的发展变化，如何从发展变化中发现其中的规律，如何将规律性转化为未来工作的借鉴，还有许多的工作要做。

2017年12月31日

2017年3月,作者在法国卢浮宫博物馆"维米尔与黄金年代"展览展厅外

2017年,法国卢浮宫博物馆为配合"维米尔与黄金年代"展览开发了系列文创产品

关于策展

中国现代形态的展览制度是从外国人那里学来的。在没有展览之前，中国人欣赏艺术品的方式是几个人在私人府邸中清赏。经过百年的努力，中国现在已经成了展览大国，可是，就目前艺术类展览的状况来看，我们只能说是数量上的展览大国，并不是质量上的展览强国。能够体现国家文化软实力和为观众所传颂的艺术展览，实在是很少。尽管我们不缺大型展览，也有一些走出去的展览，但是实际的效果不仅与投入不相匹配，而且社会影响力也不大。这与发达国家的大型展览不可同日而言。

一、展览策划的中西之别

展览策划的时间短。国外的展览策划一般都历时三至五年，有充足的时间建立学术根基，完成资金筹措、作品商借或征集，以及布展。而我们的绝大多数展览都是在短时间之内完成的。

选题的主动性、预见性不够。国外的许多展览都是建立在独立学术策划的基础上,表现出学术的主动性和预见性。而我们的许多展览都是应景之作,有些是为了完成任务,或者是为了配合形势,显现出各方面的被动。

选题的公众性不够。我们的展览通常体现的是策展人或某些场馆负责人的兴趣,不能反映大多数公众所关注和欣赏的内容,因此,往往是曲不高、和更寡。

作品的选择不精。受制于作品征集的难度,加之时间的因素,以及借展费、保险费、运输费等资金上的问题,展品往往是凑数。我们很难做到像最近在巴黎大皇宫展出的莫奈展览那样,为了一个展览到世界各地去借画,不遗余力,不惜工本。可以设想,如果我们想集中全国公立博物馆的宋画而举办宋画大展,其难度会有多大。

学术准备不够。我们对展览应有的学术基础和学术内涵不够重视,主要是因为策展人的学术素养不够,再者是社会对展览的诉求往往流于表象,所以展览重作品而轻学术。

资金局限。国外的一些展览往往是靠大投入来维持大场面,因此,不仅能够借到名家名作,使作品有体面的社会形象和有力的安全保障,而且大制作能使展览有不同一般的效果。我们的许多展览没有足够的资金,或者是投入严重不足,难有大作为。资金的局限往往又会影响到租用场地的时间。

展期时间短。绝大多数展览的时间不会超过30天,一般在5天左右。像"北京国际双年展"这样的大型展览,动作大,动静大,最近的第四届有85个国家的500余件作品参展,可是只展了15天。

因此，我们的一些美术馆像走马灯一样频繁地换展览，许多人刚得到消息，展览就已经结束了。而国外的大型展览一般都有几个月的展期，相比较而言，每一个展览的观众数量就远远超过我们的展览。

推广乏力。重展览、轻推广是我们展览存在的普遍问题。观众数量较少，一些展览的开幕就是闭幕，展厅门可罗雀，因此展览成了艺术家和策展人的自娱自乐。国外一些博物馆、美术馆门前整天排队的景象，在我们这里很少见到。而我们的公共教育项目除了引导孩子们画画，鲜有创新。

二、以中美博物馆之间的比较为例

实际上，中美两国不同的社会制度、博物馆发展的不同水平、博物馆管理的不同特点、公众对博物馆文化依赖的不同程度，都在各个方面影响到展览的交流，而其中的核心问题是财务问题。财务问题反映的又不仅是常规意义上的经济问题，更重要的是反映出彼此的利益关切，以及对项目本身的价值判断和需求程度。如果能在利益关切的核心问题上突破瓶颈，财务则不是问题。

与财务相连的利益关切，最核心的是交流所表现出的双方的需求程度能否达成共识，因此，有必要分析中美两国博物馆界在展览交流方面的利益导向。当然，如此笼统的论述，在客观上存在问题。这里仅以各级政府财政支持的公立博物馆为例。从财务方面看，中国的公立博物馆有中央政府财政和地方政府财政两个方面的支持；

美国的博物馆则更加多元，国家投入的史密森学会所属的各博物馆是一种，还有州或地方政府支持的，而基金会支撑的则是第三种。在国家投入方面，中国是全额的政府预算，美国只是部分支持。因此，反映在展览交流方面，中美两国的博物馆就有着明显不同的利益导向和价值判断。实际上，博物馆会因为地位、所属、规模、馆藏、影响等不同，而呈现出不同的面貌，表现出不同的作为。

在承担国家文化使命方面，中国的博物馆比美国的博物馆积极主动。反映到国家体制方面，中国政府比美国政府对博物馆更有主导权，中国的博物馆比美国的博物馆更能够积极配合政府的需求。这里以中国国家博物馆为例。从中国国家博物馆的对外展览来看，2014年由政府主导的馆际交流展，如"纪念中法建交五十周年特展"，为配合墨西哥总统访华而举办的"玛雅：美的语言"，等等，都表现出了政府主导的强大力量，不仅有两国政府元首为展览撰写贺词，还有政府所属的文化部门积极协调，努力推动和促成。而美国在这方面的缺失无疑表现出体制上的问题。

在专业需求方面，因为中国的博物馆只有少量、零星的外国历史文物和艺术品收藏，与美国相比，聊胜于无。而美国的许多博物馆不仅有丰富、高品质、贯穿世界艺术史的收藏，还有大量的中国艺术藏品，他们在丰富藏品的基础上，或者在国内馆际合作的基础上，就能够策划出不同类型、不同主题的展览。因此，中国的博物馆只有引进国外的展览，才能够解决因藏品不足而导致展览单一的问题。随着中国的发展，中国公众的文化需求日益高涨，他们更希望不出国门就能够看到经过梳理的外国展览和名家名作。因此，中国的各级博物馆都积极地引进外国的展览，主动参加美国博物馆学会、年会，千方百计地寻找机会。美国方面则不像中国那样积极，更谈不上主动。这种在专业需求方面失衡的问题，更多地表现为美国的一些博物馆根本就不需要中国的展览，如此就不能建立起双向的交流，对于中国来说是有来无往，难以形成像外交那样平等的交流局面。而一旦失去了"交流"的意义，借展费以及其他费用的提出就限制了各种可能，财务问题显而易见。

在博物馆运营和管理方面，中国的博物馆具有相对灵活性，重要项目在募集资金方面能够获得政府的支持。相比较而言，美国的博物馆计划性更强，包括财务预算、展览计划、展厅安排等，在周密之余往往失去灵活性，而募集资金很难在一年半载内完成。因此，两国博物馆界在合作上往往难以对接。这之中，美国的一些博物馆将输出展览作为运营中获利的一种手段，那么，成本的投入与获利多少的愿景就直接制约了展览的交流。

2018年8月16日

"艺术与食物"
专题展

博物馆奇妙夜

博物馆的"夜场"

关于博物馆的"夜场"并没有统一的规定和统一的做法，而人们通常所说的"夜场"，只是一般性的说话，实际上是一个比较混乱的概念。从理论上讲，所谓的"夜场"应该是相对于"日场"而言的，是博物馆晚间对外开放的一种专门称谓。而这个被称为"夜场"的晚间开放，并不是开放某一个展厅，或某一片展区，也不是仅开放博物馆的某一部分户外空间，而是博物馆的所有展厅，或者是绝大多数展厅，应该和白天的开放范围基本相同。

博物馆的晚上是博物馆的独特资源。博物馆的文化属性决定了博物馆晚间有着不同于其他公共文化设施的方面，大有文章可做。这之中，把戏人人会做，各有巧妙。世界上很多博物馆都善于利用晚上，通过设置一些晚间的专场，或举办专门的活动，对公众或特殊人群开放，以获得一定的社会效益和经济效益，更重要的是表现

2015年8月29日，德国首都柏林举行传统"博物馆长夜"活动，柏林各家博物馆从当日18点到次日凌晨2点面向公众开放。本次"博物馆长夜"活动共有77家博物馆参加，并为柏林民众准备了近700项文化活动

社会所需，反映公众所想，满足专业所求。故宫在2004年后持续多年在农历八月十五中秋节举办"太和邀月"活动，不仅为故宫增加了活力，也让很多参与者欣赏到了不一样的故宫月色，以及故宫不同于白天的独特之美。2014年4月26日，中国国家博物馆首次开设了夜间专场。其后，为纪念中法建交50周年而举办的"名馆·名家·名作"特展，展出了来自法国5家博物馆的8位画家的10件名作，深受公众的欢迎，因此，国家博物馆于5月3号、10号、18号三天开设了夜间专场，而在展览结束前的6月10日至15日，每天开放的时间都延长到晚上八点，一时也是好评如潮。

但是，客观来说，并不是每家博物馆都能够利用好这一晚间的资源。这种晚间的专场有可能是一个展览的开幕，可能是一场宴会，可能是某一个企业利用博物馆而举办的活动，它们通常是在博物馆的某一个展厅，某一个公共区域，某个大厅，或者是在户外，它们只能称之"夜间专场"。伴随着夜间专场，博物馆会开放一两个展厅作为酬谢客户和来宾之用，或者被认为是特别的礼遇，但这严格来说都不能称为"夜场"，只能称为"专场"。

这种"夜间专场"与我们所说"夜场"之间的区别，是博物馆

2014年5月3日，中国国家博物馆的奇妙夜

的局部和整体的关系问题。因此，从理论上来说，"夜场"是博物馆整体对外开放，如同白天的开放一样，这不同于博物馆晚间开放某一部分或某一区域的"夜间专场"。还有一些遗址类的博物馆，它们在户外的晚间开放，实际上是特定区域内的活动，有点像晚间的游园活动，而这种游园的活动和博物馆的"夜场"也是完全不同的。只要不开放遗址博物馆内的展厅，而只是开放了某些与园林或遗址相关的部分，或者是在遗址内的Party，或者是在遗址内的灯光秀等一些其他的活动，都不是严格意义上的"夜场"。

博物馆的晚上是非常特别的，因为它有着不同于白天的安静和视觉上的感受。人们看惯了白天博物馆的常态，却很少能够看到晚上的博物馆景观，这种特别的体验对于公众来说都具有极强的吸引力。博物馆在晚上开放，让人们想到了曾经流行并对公众有深刻影

2015年8月29日，在德国柏林，一名游客参加"博物馆长夜"活动

响的电影《博物馆奇妙夜》，它让人们脑洞大开，让人们看到了关于博物馆夜晚的奇思妙想。这部电影就是告诉大家，虽然博物馆通常晚上不对外开放，可是，博物馆的展厅以及那些展出中的展品晚上并不消停，它们在夜间的活动是在人们想象之外的另一种天地，反映了人们对于博物馆夜晚的一种特别的兴趣和猜想，也是一种特别的创见。

博物馆晚上有些展厅中的灯光以及效果实际上和白天并没有两样，但是，晚上的博物馆整体氛围发生了变化。而博物馆的灯光、公共空间，尤其是窗外，是完全不同于白天的夜景，这些因素会令参观者产生一些新的联想，也会产生一种新的空间关系。晚间徜徉于其中，加之偶遇的观众很少，也会获得一种特别的不同于白天人头攒动的清静。

晚上的博物馆很精彩，也很多样。博物馆不管以什么样的方式在晚间开门，它都反映了社会的需要，反映了公众的需求，也反映了博物馆的专业追求，还表现出了博物馆与社会、公众之间存在着的一种特别的关系。更多的情况是，博物馆为了扩大社会的影响，为了照顾城市夜间的公众生活，为了满足公众晚间参观博物馆的需要，为了安排部分博物馆业务工作，通常采用延长开放时间的方法。如英国伦敦大英博物馆每天具体的开放时间为早上10：00至下午5：30，周五则延长到晚上8：30；法国巴黎卢浮宫每周三和周五也会延迟到夜间9：45；美国纽约大都会艺术博物馆则是在周五、周六两天开放至晚上9：00；荷兰的凡·高博物馆在每年的1

↑ 大英博物馆网站关于儿童在博物馆过一夜活动的在线预订页面

↑ 2009年德国柏林博德博物馆（Bode Museum）的时尚派对之夜

| | 博物馆奇妙夜 | |

月1日从上午11：00开放到晚上10：00，而每周星期五都延长到晚上10：00；美国波士顿美术博物馆周四到周日会开馆至晚上9：45；而中国台湾的台北故宫博物院展览馆一区（正馆）每周六夜间6：30至9：00开放，全年无休。虽然这些博物馆晚上延长开放的时间节点不同，但这些延长开放到晚上的举措，都满足了公众的需求。

博物馆"夜"体验

在世界范围内，有很多博物馆在每周或者每个月的特定时间，延长开放到晚上，并形成一种常态，这是真正意义上的"夜场"。博物馆延长开放到晚上作为一种常态，对于所在的城市和公众，都是非常重要的。不管多么繁华的城市，其夜间生活都有一定的限度，而最为普遍的是酒吧、电影院、剧院等。这种夜间的休闲和消费，如果没有博物馆、美术馆的加入，就会表现出城市文化状态的缺陷。而博物馆的晚间开放，无论时间长短，都反映了其所在城市的文明水平和公民素质。对于很多公众来说，他们希望在晚上走进博物馆，还有一个更重要的原因就是晚上参观的观众少，比较安静，能够获得不同于白天的参观环境和特别的体验。因此，博物馆针对这一部分公众而延长开放时间，是博物馆与公众之间的一种默契。当然，博物馆在夜间还会做很多的专场活动，包括在晚间举办展览的开幕式。不管是用什么样的方式，它都反映了博物馆与公众之间的关系。对于一些特别的展览，延长开放时间到晚间，能够使得这个展览获得更大范围的观众覆盖面。因此，博物馆的夜间专场反映的正是博物馆与社会的关系和博物馆对公众的态度。对于博物馆来说，创造更多的夜间专场是一个巨大的考验，因为延长了工作人员的工作时间，牵涉到了劳动法和各种各样的劳资关系，更有延长开放带来的安保问题、管理费用的增加，等等。因此，博物馆需要更大的经济投入来维系夜间开放。

博物馆的夜场或夜间专场会成为博物馆对外开放中的一个特别的亮点，因为到了晚上，博物馆可以做各种各样的活动，尤其对于那些并不是政府全额投资的博物馆或者私人博物馆来说，夜间的专场是扩大收益的一个重要的方面，是与企业、社会、特定人群之间建立特别关系的机会，这使得夜间本来闲置的一些场所火起来，增加了收入，扩大了影响。这些发生在博物馆内的公共活动，有些并不属于博物馆的专业范围，可是通过它们扩大了专业范围，使得博物馆在更大范围内与社会建立起特殊的联系，从而拥有更为突出的社会地位，并加强了与城市、公众之间的关联。

相形之下，中国的绝大多数公立博物馆基于体制上的原因，基本上没有晚间延长开放的，而夜间专场也是非常有限，如有，也不是常态化、制度化的。在体制的影响下，博物馆像其他的事业单位一样正常上班和下班，它们与城市之间的关系是地域上的一种联系。常态下的中国各级博物馆，如何满足多层面的社会需求，如何满足公众对于晚间参观博物馆的需要，这是每一家博物馆都应该考虑的问题。特别是周一闭馆的常规，严重影响到城市中的公共文化服务

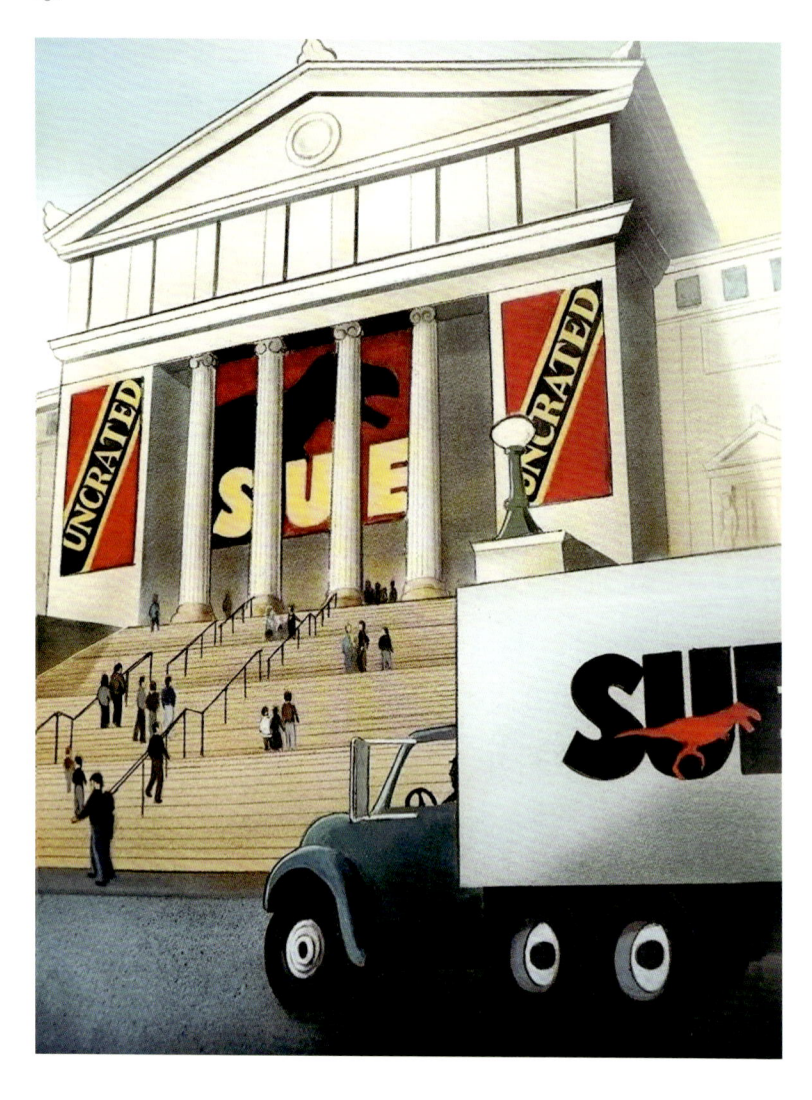

↑美国芝加哥菲尔德博物馆"和恐龙睡一晚"活动宣传广告

伦敦的自然历史博物馆，专供成人参加的博物馆之夜

水平，也表现出城市管理中的协调能力。

　　春节期间放映的电影一般都拥有超高的票房。很多观众涌进电影院的一个重要原因，是在全国放假的这个时段中，我们的公共文化不能满足公众多方面的需求，公众于是选择了走进电影院。如果这个时候博物馆能够根据公众和社会的需求打造一些专题的展览，或者能够延长开放的时间，或开展一些专门的活动，无疑会吸引一部分走进电影院的人群。在一个城市的晚间，尤其是在春节这样一个特别的节日之中，如何让城市通过博物馆来提升它的文明水平，或者是提升公众服务的能力，这是博物馆需要考虑的问题。在一个缺少夜间公共文化服务的城市中，人们走进电影院，更多的只是选

择了一种晚间的生活方式或休闲方式。

如何把博物馆纳入城市晚间休闲的生活方式之中，在城市夜生活中如何发挥作用和影响，这是提升博物馆在城市中的社会地位、扩大其在公众中的社会影响的极其重要的一个方面。人们很难祈求博物馆能做到更多的、更大范围内的晚间开放，但是，逢年过节，一个月或者一个星期的某一个时间延长到晚间开放，像国外的一些博物馆那样，这还是容易做到的，关键是博物馆应该表现出对城市的责任和对公众服务的基本态度，而这都反映了博物馆的专业伦理和管理水平。因此，要建立一个常态化的博物馆与公众之间的依赖关系，在特定时间延迟开放到晚间，是一个非常关键性的举措。如果这个问题解决好了，公众可能会更多地走进博物馆，进而促进博物馆各方面专业工作能力的提高，特别是休闲功能的开发。深入考虑的话，晚间开放会带来博物馆管理中的另外一些的问题，包括博

美国自然历史博物馆，21+ 奇妙夜

美国加州科学院（The California Academy of Sciences）的"Penguins + Pajamas"（企鹅 + 睡衣）海洋之夜

物馆的餐饮区、咖啡厅，以及为公众服务的很多方面。博物馆夜间开放不只是简单的时间延长的问题，而是需要量身打造一个服务的环境和专门的内容，并做出专门的安排；另一方面也需要优质的文化产品来支撑夜场，这既考验博物馆的专业水平，也见证博物馆的审美眼光和艺术能力。如果把博物馆的夜间专场做成像"刘老根大舞台"那样热热闹闹的群众娱乐活动，那么将严重影响博物馆的价值观和社会形象。博物馆只有用积极的态度和优质的产品发挥它在城市夜间的影响力，才能真正融入城市的夜间休闲和消费体系之中，博物馆的晚上也才能更精彩，才能成为夜以继日的不可或缺的重要补充。能有夜间开放的博物馆，表现出文化在一座城市中的夜间存在，这将直接反映城市的文明状态和文明发展的水平。

博物馆延迟至夜间开放，或者在一些关键的时间节点上开设夜场或专场，并使之常态化、制度化，这是博物馆管理运营中的专门学问，牵扯到博物馆学的很多问题，更重要的是关系到整个公共文化服务体系的建设和提升问题。

2019 年 2 月 28 日

↑美国纽约曼哈顿鲁宾艺术博物馆（Rubin Museum of Art）是一家专门收藏藏传佛教艺术的博物馆，他们邀请客人在一百张佛像的注视下过夜

| 博物馆奇妙夜 |

↑美国加州切伯太空与科学中心（Chabot Space & Science Center）的夜场活动

难以忘怀的 V&A 歌剧展

一个好的展览一定让观者过目不忘、久久回味，一个让人难以忘怀的展览一定有一个好的展览策划，一个好的策划一定有深厚的文化内涵，一个有高深文化内涵的展览一定有精彩的呈现方式而散发出隽永的文化魅力。2017 年 9 月 30 日在英国伦敦维多利亚和阿尔伯特博物馆（V&A）开幕的"歌剧：激情、权力与政治"展，就是一个令人难以忘怀的展览。

到了伦敦，每一次去 V&A 都有不一样的感觉，都能够看到不同于过去的新鲜的内容，这不同于去大英博物馆。2018 年 1 月 24 日的伦敦，天气不好，多日阴雨。前几次去都没有发现 V&A 的侧面是自然历史博物馆和科技馆，因此，在参观完这两个以前没有去过的博物馆之后，又不由自主地去了 V&A。

进入 V&A 之后就全然没有了外面阴雨的忧郁，这里正在展出的特展——"歌剧：激情、权力与政治"，似乎洋溢着欢愉的气氛，至少它为 V&A 带来了一片生机。展期一直持续到 2018 年 2 月。不同于许多主流艺术展的是，它并不是用具体的艺术作品来构成一定

英国V&A的歌剧展

主题的展览,而是通过展览让人们学习、认识、回味歌剧的历史和魅力。因此,这个展览沿袭了V&A在特展上一贯的沉浸式传统。展览以时间为序,将1642年以来歌剧发展的历史做了一个全景式的呈现,揭示了歌剧如何与它们所创造的城市中的社会、政治和文化景观密不可分地交织在一起,并见证了这种曾经流行的娱乐形式如何捕捉到艺术家的想象力。它们像一面能够透射社会的镜子,跨越国界,激发观众的想象。

从理论上说,什么样的内容都可以通过展览的方式在展厅中呈现,但有些内容的展览要做好是有相当难度的,比如做一个关于歌剧的展览。因为当歌剧离开音乐,离开唱腔和剧情,歌剧艺术转换为另外的语言,而剧场的空间变成了博物馆的空间,演出又变成了展出,细想想,要做一个这样的展览难上加难。

仅仅从展览的题目"歌剧：激情，权力与政治"上来看，好像看不出什么特点，相反，这个题目带来的内涵上的复杂性可能会导致观众兴味索然，因为人们难以想象歌剧的"权力与政治"，更难以想象权力与政治捆绑到一起如何用展览的方式来呈现。V&A 这个展览的策划实际上是一出浅显易懂的"歌剧与城市"的历史剧，它之所以能够获得《卫报》和《旗帜晚报》等英国老牌媒体给出的五星评价，关键是从歌剧与七大城市的关系切入，用严谨的展览策划，通过多样化的方式来呈现，而所有的呈现方式都与歌剧和剧场相契合。从入场开始，戴上耳机起步，场内弥漫着的历史氛围，和在耳畔浅吟低唱的歌剧一样，让人们轻松地走过了历史和城市的时空。

展览策划所构建的展览大纲以歌剧发展史为脉络，其贯穿城市之间的关联，在一定程度上也表现了欧洲城市化发展的一个过程，以及城市上流社会生活与审美的发展变迁。展览以四个世纪的七个欧洲城市为基点，从意大利文艺复兴的起源到现在，用展览讲述了歌剧发展的历史，又好像是一个歌剧的历史故事。展览像举起的一面镜子，跨越国界来看社会，以此激发观众。而呈现所调用的多样化手法，特别是英国皇家歌剧院在合作布展中的驾轻就熟，既有大规模的舞台搭建，又有能够看到后台与布景机关的秘密视角，让人们看到了一个在剧场里看不到的舞台核心。因为常规情况下人们在剧场里是面对舞台的固定的位置，而在展场人们可以绕着搭建的舞台观看内部。尽管这不是歌剧的核心，可是围绕着歌剧而看前所未看，这正是展览的方式所带动的另一种方式的呈现。这就是不同于歌剧的展览，这就是不同于剧场的展出。

无线耳机全程播放音乐在今天的展出中不可缺少展览中的音乐跟随是锦上添花，没有它好像不成其为关于歌剧的展览，少了它无疑会大为失色。

以一个展览看尽歌剧四百年的沿革与发展，并走遍关联的欧洲七座城市，深邃的思想、激情的吟唱、历史的穿越、视觉的震荡，一切有赖于 V&A 新开的地下展厅——名为圣伯瑞（Sainsbury）的画廊，它在地下连接着博物馆的另一侧入口。感谢建筑设计师的精心构想，成就了一个崭新的 V&A。以后来该馆看特展，建议从这个入口进入，因为从门外的广场到下层的空间，以及预留给咖啡厅能够看到户外的空间，特别是进门后沿着一个并不是很大但设计独特的楼梯入口，可以进入一个完全不同于 V&A 其他旧有空间的新视野，好像都是为这个特展而量身定制的。通往地下展厅的是黑色钢琴漆面的楼梯，它与白色的墙面形成了巨大的反差，而红色的立柱增强了色彩对比。它完全不同于 V&A 以往的建筑空间和空间设计，或许这正是要表现今日的 V&A 不同于过去的地方，一切新的设计徐徐铺展，好像就是为了这个展览。

展览第一部分从 1642 年的威尼斯开始，意大利作曲家蒙特威尔第的作品《波佩亚的加冕》（L'incoronazionedi Poppea）中的一曲咏叹调为展览拉开了序幕。与之相关的威尼斯地图与贵族日用品，还有那撩开鲜艳红裙而露出腿部的女歌唱家的雕塑，都显现出此时作为商业城市的威尼斯的高度繁荣。威尼斯在17世纪中期是一个衰落的城市，由于绕过其岛屿的亚洲和非洲航线出现了新的选择，威尼斯努力维持其在地中海海上贸易中心的地位。尽管威尼斯的政治地位正在下降，文化却仍然兴盛。在狂欢季的几个月里，颓废的音乐和戏剧是庆祝仪式上的主流，不管是出于炫耀财富的目的，还是为了享乐的现实意义，许多私家剧院拔地而起，进一步带动了城市的商业与繁荣，为来自不同社会阶层的参与者们创造了更多的自由表达的空间，与之相关的是促进了歌剧这一新的艺术形式的发展。

展览的第二部分：伦敦，1711年。伦敦安妮女王的统治为英格兰提供了一个繁荣和稳定的时期。继1666年的伦敦大火之后，大片地区以古典风格进行了重建，剧院蓬勃发展。在这座城市的咖啡馆里，人们不但为政治争论不休，也在这里购买歌剧门票。到1711年，歌剧在整个欧洲流行而成为时髦。英国作曲家亨利·珀塞尔（Henry Purcell）创造了一种特殊的歌剧风格，将英语中的唱与词结合在一起。英国的商人也认识到了意大利歌剧的价值，并热衷于引进这种形式，使歌剧在伦敦得到了很大的发展。作曲家亨德尔（Handel）来到伦敦成为其成功的关键。亨德尔时代的伦敦，更多显现了这座有着悠久国际化历史的城市是如何对待意大利语歌剧引进的，而这对英语娱乐世界造成的冲击，后来被本国的批评家嘲讽为"居然背叛了莎士比亚"。

维也纳的1786年作为展览的第三部分，表现了维也纳成为这一时期欧洲音乐和歌剧中心的历史。作为启蒙之城，也是新的思想、趋势和灵感可以蓬勃发展的地方，维也纳是成千上万的游客和知识分子谈论的中心。奥地利皇帝约瑟夫常被人们称为音乐之王，他不仅亲自参与了维也纳城堡剧院的运作，而且鼓励言论自由和社会流动。在他的统治下，贵族保留了他们的经济和智力优势，但是，他认同不同社会阶层之间的交流，这意味着维也纳也成了一个富有想法的国度，这也反映了随着启蒙时代的到来，个人与平等主义的思想开始觉醒。年轻的音乐家莫扎特被吸引到了维也纳，维也纳也培养了他卓越的创造力。这位著名的奥地利音乐天才一生作品众多，其中以《费加罗的婚礼》最为出名。

其后展览的第四、第五、第六、第七部分相继为：米兰，1842年；巴黎，1861年；德累斯顿，1905年；彼得格勒，1934年。其中，威尔第表现出意大利的民族团结精神，瓦格纳反映出巴黎的社会文化变迁，施特劳斯《莎乐美》显现了德累斯顿的女性主义萌芽，肖斯塔科维奇《麦克白夫人》揭示了苏联的政治审查。展览的第八部分是"激情歌剧到现在"。

值得一提的是展览的第七部分。现场视频中可以看到作曲家演奏剧目的场景，放映厅门口以大量交错的红色胶带进行封闭，巨大的红色Logo、革命时期典型的雕塑以及宣传画等，共同构造了一个让人们意想不到的效果，虽然感觉到与整体不太协调，但真实地表现了歌剧在20世纪的发展。

整个展览从头到尾，墙上都有相关的文字，它们像涂鸦般不拘成法，完全不同于以往所见的博物馆中的各类文字，在展厅中的分布也并非一本正经,这是该展览在视觉上的特色之一。但是,这也很容易让人们产生负面的评价,"过于注重文字描述与主题提炼的布展方式削弱了展览应有的实物感",这完全是一种不同的理解和对待角度。黑底上的反白字,正体的标题与手写体的内容,形成了强烈的对比,于此可以看到剧作家伏案的身影。重点的下划线与手稿中常见的那种批改符号,其突出的形式感还是强化了历史过往的感觉,正如同展览内容所呈现的那样。有些箭头直接伸向下方展柜中陈列的手稿,此种不拘一格的"排版"似乎也在诠释着展厅空间和平面设计中的结合可以打破常规。而所有的这一切都与展览主题密切相连。

与展品文字介绍相关的视频充斥于展厅之中,银幕或大或小,或液晶的或投影的,辉映之中依然表现出舞台的感觉,歌剧中不同时代的精彩历史片段在这里回放,观者既可以在这里了解历史的精彩,又可以立足于今天而欣赏过去的辉煌。这些在今天的博物馆中常见的形式,综合到这一展览之中,多维度诠释了展览的主题。在不同的时区和城市区块内,配以相应年代剧目的舞台陈设、演出道具及服装,极大地丰富了展览的内容和形式,表现出了作为艺术综合体的歌剧在艺术上多样性的专业内容。

展览是和展品联系在一起的,展览策划也包括展品的组织。好的展览一定有好的展品,展品的级别在一定程度上会反映展览的档次。此次特展的重点展品之一是莫扎特当年使用过的羽键琴以及他的创作手稿。莫扎特用过的物品已经意义非凡,而18世纪的这种拨弦古钢琴在今天也不多见，重要的是这种具有历史标记的乐器，既反映了它在 17 世纪至 18 世纪间全盛时期的显赫地位，又表现了它被"后起之秀"所取代的历史过程，与之相关的歌剧发展也正是通过这一具体的乐器而显现出来。此时此地，经由以较为温和的咏叹调开头的音乐，于维也纳转向了欢快灵动的新时期。

讲究的版面与粗糙的搭建背面形成的反差，也是该展在展陈方面显著的特色。不同规模和形式的搭建在整个展厅中的合理运用，包括莫扎特羽键琴所在位置的背景，在一般的展览中是看不到的，属于搭建中的隐蔽工程。这完全是一种超越常规的刻意安排。这种刻意与让人们一目了然地看到舞台搭建一样，所不同的是，设计者把人们不愿看到的那种原始状态翻转过来，给观者看到一个最为朴实的初始状态，或者是一种内部结构形式。这里的合理性是每位观者自己的把握和理解。或许这也正是策划者别出心裁之处。

灯光是舞台艺术不可缺少的重要方面，可是，展览中的灯光设计往往被策展人所忽视，有的即使有设计可能也比较简略，有的简略到几乎等同于日常的照明。该展的灯光设计整体上维持了剧场内的感觉，黯淡柔和而不昏暗，因为展品常常在光束的照耀下显得很突出。光的设计在该展览中实际上是在引导观众走向展品。从开始舞台上的人物形象模特到服饰，到莫扎特的羽键琴，都用灯光勾勒出了它们在展厅中的显著位置。

"舞台刻画着人类内心深处的激情"（卢梭），把这些激情通过展览的方式，将城市和歌剧发展相关联的历史表现出来，正如该展策展人凯特·贝利（Kate Bailey）所坚信的那样——"歌剧展可以让年轻一代对这门艺术有新的认识"，由此可以理解展览中内容和形式的一切都是为了年轻一代，而歌剧在当代的生存与发展正是依靠年轻一代观众作为支撑的，正像博物馆和博物馆的展览一样。

　　回头来看博物馆中的特展，虽然标有"特"字，但还是难以脱离临展的范畴。在很多博物馆中，临展通常比较简单，有的简单到粗糙和敷衍。V&A 有着比较讲究临展的传统，像歌剧展这样精心的大制作，在国际博物馆界是少见的。对于像英国 V&A 这样免门票的博物馆，用特展的门票来贴补收入，其特展的内容与展陈的水平是其关键。特展是博物馆聚集人气的重要力量，因此，在特展方面下功夫，表现出博物馆在展览工作方面的主动性，而实际的水平就成为评判博物馆综合专业能力的标准。

2018 年 4 月 9 日

↑英国V&A博物馆的歌剧展

↑英国V&A博物馆的歌剧展

难以忘怀的 V&A 歌剧展

↑ 英国V&A博物馆的歌剧展

威尼斯双年展

意大利的威尼斯人口 34.3 万，面积不到 7.8 平方千米，人口和面积大概只有北京朝阳区的 1/10 和 1/60。可是，威尼斯的艺术双年展却搅动了世界，让许多人痴迷。从 1894 年第一届双年展算起，到今年已经是第五十六届。能够延续百年，越做越大、越做越强而成为一个与城市紧密相关的产业，尤其是能够让许多中国的艺术家追捧褒扬，实在是一件不容易的事情。尽管在世界范围内，特别是在中国，对于威尼斯双年展有着不同的评价，但威尼斯双年展的实际影响力是客观存在的，对于一个小小的城市来说，实在值得刮目相看。以威尼斯的人口和面积，能够有一份如此重要的文化产业，对于这样一座小城市来说也就显现出十分重要的意义，放在世界各国的任何一座城市也是意义非凡，可是却无法复制。

在威尼斯，并没有高大、宽敞、气派、现代化的场馆，所有的设施基本上都是原有的值得珍视的历史文化遗产。正因为城市中有了这些历史文化遗产，加之保护与开发，历史的遗迹发挥了超于自身的价值。以威尼斯双年展为个案的对于城市文化遗产的开发和利用,对于中国来说有许多值得借鉴的内容。遗憾的是,在我们的城市,如北京的朝阳区,过去的建筑已经拆得差不多了,在现代化的城市景观中很难寻觅到历史悠久的感觉。相反,将16世纪威尼斯画派画家作品中的威尼斯,对照如今这座城市的景观来看,基本上没有改变。相较而言,威尼斯如果呈现出的是现代化的"新威尼斯",是不可能有如今的国际声望的,更不可能有今天的威尼斯双年展。

威尼斯双年展的本质是一个国际性的艺术集会,它和过去中国农村的赶集是一个道理。到了约定的时间,不用宣传和鼓动,十里八乡的人就会亮出自己的产品(包括牛马这些大型的生产资料)和手艺,摆个摊设个点,伴随着各种吆喝声。在这个两年一度的集市里,行内行外的人都来了,也有无数来看热闹的男女老少,他们如同来威尼斯的旅游者一样:有的三五成群加入团体队伍之中,有的孤身一人施展拳脚;有的怀有直接的目的,有的只是为了见见世面;有的是策划,有的是被策划;有的是赚个盆满钵满,有的是花了钱还没有赚到吆喝。威尼斯双年展只是和艺术相关联的一种产业,和艺术的关系仅仅表现在和策展人的关系之中。它在艺术上的倾向性很明确,它与当今国际艺术潮流有着特别的关联,而这种关联也只是与"弄潮儿"有关,并不能反映世界艺术发展的全部。威尼斯双年展只适应一部分形态的艺术以及与之相关的艺术家,因此,相当一部分艺术家不必太在意,更没有必要动用政府的力量而使得一项商业化的活动被贴上一个特定的艺术标签。

2015年威尼斯双年展

没有哪个国家的艺术家像中国的艺术家那么痴迷于威尼斯，那样趋之若鹜地去赶威尼斯双年展这个大集。去过的还想去，没去过的想方设法地要去，甚至产生了本届展览中国艺术家占据肯尼亚馆的问题。像把肯尼亚国家馆变成"中国馆"这样的参展行为，以剥夺肯尼亚艺术家的权利为代价，显现出中国土豪艺术家的面貌，除了损伤国家形象还能表现出哪个方面的意义？个中掮客正利用威尼斯双年展的影响力将其变成一门生意，他们玩命地忽悠和鼓噪也是造就威尼斯双年展表面虚热的原因。

威尼斯双年展五花八门，主题展、国家馆、平行展，令人眼花缭乱。主题展的作品多而杂，国家馆也是良莠不齐。倒是平行展中有一些确实不错的作品，有的利用自然环境，有的充分发挥场馆特点，重要的是，能够让人们在排他的环境中慢慢地欣赏，而不像看主题展，如同赶集那样匆匆从头走到尾。在形形色色的策展人周旋下，如此巨大的国际集市没有一定的展品规模是撑不起来的，没有几个人能够看全包括平行展在内的众多展览。所以，艺术家只是聚集起来造就规模的一分子而已。在威尼斯毫无规则的小街小巷内有着难以计数的展览，而在主要靠步行的威尼斯，要找到它们的所在地实在不容易。规模是显示在地图上的，而虚荣则表现在许多门可罗雀的空间中。即使在主题展中，所谓的规模，面对观者的行色匆匆，成百上千的作品所带来的是无限的审美疲劳——行旅中的脚最知道。

没有看到具体的统计，不知究竟有多少中国艺术家参加了本届展览，也没有人去统计有多少中国人去威尼斯观摩展览，更没有人去统计观摩展览的人究竟看了其中的哪些展览。本来应该利用统计学的数据来评价威尼斯双年展以说明一些问题，但实际上很难做到。在威尼斯随时随地都可以碰到参展的和看展的中国艺术家、媒体记者以及圈中的熟人，大家经常互相打听谁在哪里、怎么走。只有看徐冰的作品不需要打听。如果没有耐心坚持往下走，就有可能连中国馆看不到。徐冰的《凤凰》是本届威尼斯双年展中比较出彩的作品。与其以往的展出不同的是，《凤凰》离开了展馆，完全在自然中放飞了，其规模与效果都让人叹为观止。过去人们纠结于这件作品自身的问题，现在艺术家将作品与环境因素黏合在一起而表现出了特殊情境中的视觉效果。如果没有造船的码头及与其相关的设施，就没有"凤凰工厂"，也就没有徐冰的凤凰在威尼斯再生的盛景。

2015年6月11日

2015年威尼斯双年展中的徐冰作品

↑2015年威尼斯双年展中的徐冰作品

↑2015年威尼斯双年展

威尼斯双年展

"罗丹雕塑回顾展"诞生记

放眼全球,筹划罗丹展

我们一直在考虑,要让它既不同于20年前在中国美术馆的展览,也不同于一般的雕塑展,更不同于在世界各国已经先后举办的各种类型的罗丹雕塑展。

问:"永远的思想者——罗丹雕塑回顾展"是从什么时候开始策划的?

答:这要从2013年9月18日法国巴黎罗丹博物馆馆长卡特琳娜·舍维约女士和中法建交50周年庆典活动法方总协调人马克·毕栋先生访问我馆说起。吕章申馆长在会见中表示,如果能在2014年中法建交50周年之际,与罗丹博物馆合作在中国国家博物馆举办一个大规模的罗丹雕塑展,这必将成为中法之间又一重要文化合作成果。舍维约女士表示非常看重与中国国家博物馆的合作,希望就展览的主题和展陈形式等进行深入讨论。

2014年9月17日,作者与罗丹博物馆馆长在法国巴黎罗丹博物馆展厅合影

会见结束后,我与舍维约女士就展览谈了一些具体问题,达成了初步的合作意向。2014年年初,中法建交50周年系列活动启动后,法方不断提起罗丹展,我们也积极予以回应。就是在这样的大背景下,"永远的思想者——罗丹雕塑回顾展"得以启动。

问:展出的139件罗丹雕塑作品,作品清单和展览主题是如何敲定的?

答:在2014年年初,展览已经有了一个基本的目录。当时我们提出,希望展览能够涵盖罗丹的全部代表作,并区别于1993年在中国美术馆展出的"法国罗丹艺术大展",以更大的规模展示罗丹的雕塑作品。

之后,展品目录经过几次调整。展览虽然确定为罗丹雕塑大展,但是并没有一个明确的主题。后来法国方面提出以"回顾"为主题,

2014年9月18日，作者在巴黎考察罗丹故居及其库房，挑选展品

回顾展的意义是基于罗丹艺术的发展，我们也认为这样可以把罗丹各个时期的代表作进行一个完整的呈现。

直到 2014 年 9 月 18 日，中法高级别人文交流机制启动仪式暨首次会议在巴黎举行，在中国国务院副总理刘延东、法国外长法比尤斯等 200 多位嘉宾的见证下，中国国家博物馆与罗丹博物馆签订了展览协议，确定罗丹雕塑回顾展于 11 月 27 日在中国国家博物馆开幕。

我们一直在考虑，如何呈现展览，让它既不同于 20 多年前在中国美术馆的展览，也不同于一般的雕塑展，更不同于世界各地曾经举办的各种类型的罗丹雕塑展。罗丹雕塑作品不仅藏于法国巴黎的罗丹博物馆、美国斯坦福大学博物馆、美国宾州的罗丹博物馆，还有其他地方的博物馆,都有专门的收藏或展示。这些展览展示的大都是罗丹的青铜作品,虽然统称为"原作",但都是翻模的青铜作品。

目前,在世界各地,关于罗丹的展览有三五个。我们这个展览怎样呈现,怎样突出主题,是我们一直在思考的。

问:您刚才提到世界上有多家博物馆馆藏或展出罗丹作品,这几个博物馆您都去过吗?

答:前面提到的几家都去过,比如斯坦福大学博物馆。我们在2011年为国家博物馆建馆100周年而筹划了一个大型的展览群,当时想做几个外国展览,其中就包括罗丹展。

2014年9月18日,作者在巴黎考察罗丹故居与墓地

法国巴黎罗丹博物馆展厅

　　斯坦福大学博物馆是除法国巴黎罗丹博物馆外,世界上收藏罗丹作品第二多的地方,几乎囊括了其所有代表作。2011年去谈合作的时候,基本上谈成了,但是他们的现任馆长临近退休。董事会上有人提出:几个月后就要退休的馆长,不应该代替下一任馆长签订展览合同。新任的馆长后来不认同该展览到中国来展出,只好作罢。

　　后来,我们去美国宾州的罗丹博物馆。这个博物馆规模不大,只有100多件罗丹雕塑。华盛顿赫什霍恩现代艺术博物馆也有一批罗丹的雕塑,我们也去谈过合作展览的意向。在2011年休斯敦美国博物馆年会上,我曾经提出把发达国家的博物馆库房变成发展中国家的展厅。华盛顿赫什霍恩现代艺术博物馆的藏品非常多,仓库都放不下。当时跟他们谈把他们的藏品拿到中国国家博物馆来长期展出，可以签订五年、十年的合同，做长期陈列，谈得很好，但最后没有实现。

打破雕塑展的常规展陈方式

"永远的思想者——罗丹雕塑回顾展"不仅展示罗丹的作品，更重要的是把与之相关的内容——罗丹的身前、身后，罗丹的当下，以及和罗丹相关的博物馆等紧密地联系在一起。

问：后来是如何确定以"最初的岁月""雕塑家的诞生""渐臻成熟""走进神秘的罗丹工作室"四个部分为框架的呢？

答：2014年9月份，我们在巴黎先后考察了罗丹博物馆、奥赛博物馆、罗丹故居等，之后就有了一个基本的框架：基于"回顾"这样一个特别的主题，把罗丹的博物馆、花园、展厅、故居、工作室、餐厅、墓地、罗丹博物馆的库房等呈现在一个展厅中，就是大家现在看到的格局。

"永远的思想者——罗丹雕塑回顾展"不仅展示罗丹的作品，更重要的是把与之相关的内容——罗丹的身前、身后，罗丹的当下，以及和罗丹相关的博物馆等紧密地联系在一起，环环相扣，让人们看到罗丹以及与之相关的环境。这些环境可能是大家熟知的，也可能是大家不知道的，比如罗丹的墓地、故居，很多人没去过。

这些丰富的内容集中在一个展厅呈现，增加了展览的丰富性和可观赏性。观众走进展厅,不仅是欣赏某一件作品,还可以看到罗丹博物馆展厅的元素。而这种氛围的营造,就区别于我们在奥赛博物馆或者斯坦福大学看到的罗丹雕塑的陈列。展览开幕之际,"永远的思想者——罗丹雕塑回顾展"的展陈理念和方式得到了罗丹博物馆馆长和策展人的高度认可,法国大使、大使夫人对这样的展陈也都很肯定。卡特琳娜·舍维约激动地说:"我没有感觉到在中国,感觉还是在巴黎,但你们的空间比我们的好。"

这种展陈方式打破了雕塑展览的常规。在雕塑展览中,如何把艺术家和与之相关联的文化因素结合在一起,使得观众在审视具体作品时能获得更多的信息,是非常重要的。通过知识、具体的视觉图片等去建立这种关联,让人们能够不去巴黎而找到身处巴黎的感觉,不去罗丹博物馆而能有身临其境的感受,这是我们所努力的。

当然,我也反复强调,展览不管做过多少回,不管同类型的展览如何表达,都应该有各自不同的方式,从而得到不同的效果。比如同样是这139件罗丹雕塑作品,我们还可以有另外的展陈方式,那就可能会得到完全不同的效果。

花最少的钱,办最好的展览

现在业界的一个问题是,很多展览大规模、大面积搭建展厅,造成资源和金钱的过度浪费。因此,我们在筹划展览时确立了一个理念:花最少的钱,办最好的展览。

问：您刚才说，罗丹雕塑回顾展如果换一个展厅，可能有不同的效果。我们注意到该展览是在这个展厅的上一个展览的框架基础上进行布展的，在布展过程中您是怎么考虑的？

答：展览的搭建是整个展览形式和整体面貌的重要方面，也是花费比较大的方面。现在业界的一个问题是，很多展览大规模、大面积搭建展厅，造成了资源和金钱的过度浪费。因此，我们在筹划展览时树立了一个理念：花最少的钱，办最好的展览。

罗丹雕塑回顾展的展厅，上一个展览是"作为启蒙的设计——中国国际设计博物馆包豪斯藏品展"，这个展览由中国美术学院主办，是一个设计考究的展览，也花了不少钱做了一个比较大规模的搭建。在展览结束之前，我们就研究了这个展厅，之后便与中国美术学院商量，希望其撤展时尽量保存框架。当时这个展览分为四个部分，对展厅做了分割，正好符合罗丹雕塑回顾展的架构，为我们省却了框架搭建的费用。而且，妙就妙在布展完成后，还不怎么看得出原有的痕迹。为什么看不出来？这就是我们提到的，在展览中将有关罗丹的各种元素组合在一起。站在罗丹雕塑回顾展的展厅门口，透过玻璃，目光可以直达罗丹博物馆《地狱之门》的那面墙。也就是说，视线穿透了展览的几个部分，一层一层递进，已经完全看不出上一个展览的痕迹，尽管两个展览的架构都是四个部分，而且其结构的划分与每一部分的面积大小完全一致。

在布展细节上，展厅门口的主题柱原来在中间，我们将之推至墙边，加高，并打破原来的格局，使门口的空间变得更为宽敞。"作为启蒙的设计——中国国际设计博物馆包豪斯藏品展"展厅里原来还有一个播放投影的独立空间，在"永远的思想者——罗丹雕塑回顾展"中将之改造成为罗丹的餐厅。所以，虽然是沿用原来的架构，但罗丹雕塑回顾展在细节上进行了种种努力。通过此次展览，我们获得一个重要的经验：充分运用现有的展厅资源，而不是完全把它推倒重来。在布展过程中，我们始终贯彻环保、节约的理念。

问：我们了解到，该展览在开幕前最后一天还在紧张布展，是遇到什么棘手的问题吗？

答：雕塑展布展比较复杂，作品比较重，移动起来不方便，不像绘画作品那样轻，容易悬挂。另外，雕塑的特点在于它需要独立的欣赏空间。但在此次展览中有一个个案，就是《吻》。在这件雕塑作品的前面有一件躺着的作品，后面是罗丹博物馆的场景，前、中、后彼此穿插。后来法国大使和大使夫人告诉我，这一场景是整个展览中最精彩的。但是，这并不是雕塑展中最合适、最合理的方式。合理的方式是，欣赏某一件雕塑作品时，能排除其他干扰。然而，这正是我们架构的一种彼此呼应的关系，几件作品成为一组之后，它们之间便形成了一种新的格局、新的情景、新的意味。

为什么布展持续了很长时间？就是期间不断在调整。直到展览开幕的前一天，我们发现40厘米的有机玻璃护栏不够高，临时改为60厘米。原因之一在于40厘米的护栏，观众一伸手就能摸到展品；其二，40厘米正好在展品大半高度的位置上，影响观感。这些问题并不是在画图纸时能预先把握的,一定要在具体工作中通过实际考察才能发现。

问:具体到139件罗丹雕塑作品上,此次展览有哪些不同于世界上其他罗丹雕塑展的特点?

答:139件作品为这次展览提供了很好的基础条件。在这些作品中,法国巴黎罗丹博物馆打破常规,选取了61件石膏作品。前面提到我曾遍访美国斯坦福、美国宾州等地展出的罗丹雕塑,大都是青铜作品,基本上没有石膏作品。石膏雕塑是青铜雕塑的母本,应该说它是更接近原作,或者说是更接近底稿的一种形态。但是,石膏比较脆弱,不便保存,运输则更困难。这次来到中国展出的《思想者》就是石膏的,并不是人们常规看到的青铜的,这一点可能很多人都没有认识到其中的重要性。这是一件巨大的作品,是拼接在一起的,能够来中国展出非常难得,拼接需要法方的专家来完成。

作为回顾展,此次展览的展品包含了罗丹雕塑作品的各种材质,展现了罗丹雕塑存世的多样化形态,这种多样化的形态正如我在罗丹博物馆的仓库看到的一样。

问:在罗丹博物馆的仓库看到什么?

答:罗丹不仅是一位雕塑家,还是一位收藏家,其藏品的丰富性是出乎人们意料的。在法国巴黎罗丹博物馆的仓库,除大量的罗丹作品外,还有琳琅满目、数以千计的罗丹藏品,那里的情景让人体会到罗丹丰富的一生。

罗丹收藏有许多古希腊、古罗马、古埃及的雕塑，或许他创作的灵感正是从中获得的。因此，在研究罗丹雕塑的发展时，可能不仅要探究他如何认识古典主义、文艺复兴以来雕塑发展的成就，或者如何学习文艺复兴大师的具体成果，还要追溯他对古希腊罗马、古埃及雕塑艺术的理解和学习。

在罗丹生前的工作室中，两侧有几个展柜，摆放有罗丹的一些小件的作品，所以，我们在展览中还原罗丹工作室这一部分时也运用了展柜陈列的方式，把罗丹的小件雕塑陈列在一起，让人们感受到罗丹生前的工作状态。

问：关于该展览的题目，法文是"罗丹雕塑回顾展"，中文是"永远的思想者——罗丹雕塑回顾展"，这是为什么？

答：最初，我们工作用的名称是"罗丹雕塑大展"，它与此前在中国美术馆的展览名称相同，所以，我们一直在考虑起一个合适而响亮的名称。法国巴黎罗丹博物馆的策展人提出的方案是"回顾展"。在巴黎讨论展览名称时，我认为可以把"回顾展"作为展览的副标题，我们要有一个更响亮的、更能完善地表达罗丹雕塑成就以及罗丹雕塑思想的名字。想了很多天，有一天突然灵光闪现，就叫"永远的思想者"吧。

《思想者》曾经在中国展出，人们一提到罗丹，就想到《思想者》。《思想者》的永恒性和经典性，是我们今天要强调的。在当代艺术的发展中,很难找到过去那种经典的感觉和持久的魅力。《思想者》的永恒性,给了我们启发,其本身所具有的魅力和内涵,都有着特别的历史意味和文学趣味。

"永远的思想者"似乎更像一部文学作品的名字,作为艺术展览的名字,没有矫揉造作的感觉,没有很深奥的词语,很普通、很平常、可亲近,就像我们看罗丹的雕塑那样。当我告诉法国巴黎罗丹博物馆馆长和策展人这一想法时,他们都拍案叫好。

问:这次展览花费是否很大?为什么国际同行对此次展览的成功举办感到惊讶和赞叹?

答:法国巴黎罗丹博物馆是一个公立博物馆,但国家不提供资金,运营经费主要来自门票、文创产品、罗丹作品的出卖收入,其中最后一项占很大一部分。按照规定,罗丹的雕塑作品一件可以翻十几件,翻了之后就要永远封存起来。罗丹博物馆与世界各国博物馆交易,卖掉一部分作品,以获取运营博物馆的经费。罗丹博物馆与世界各国博物馆谈展览时,都要收取非常高的借展费。但我们的原则是,国与国之间的文化交流展览通常是不付借展费的。在不付借展费的前提下去和罗丹博物馆谈,是不可能成功的。

此次罗丹雕塑回顾展仅运输费就花费了近500万元人民币,再加上保险费以及其他费用,这是一项较大的支出。2014年中国国家博物馆举办了9个国际交流展,需要控制每一个展览的财政支出。

之所以能够成功举办"永远的思想者——罗丹雕塑回顾展",

是因为该展览被纳入了"中法建交50周年系列活动"中，而且是收官之作。在这一前提下，中国国家博物馆和罗丹博物馆之间就没有了借展费的问题。

问：通过策划此次展览，您最大的感受是什么？

答：这次展览可谓一次再创造，是基于罗丹的一次新的梳理。对我们来说，关于展陈、策展的理念，在这次展览中也得到了锻炼和提升。这一点体现在具体工作中，都是一些细节的问题，例如展厅文字的安排，如罗丹的遗嘱、名言、年表，每一个细节背后都有策展人想传递给公众的特别的意义。

我们希望向公众展示罗丹的全貌，让人们看到罗丹不仅有伟大的作品，还有更丰富的内容。

很难说谁淹没谁

实际上，人们并没有忘却卡米耶，人们还知道她和罗丹的关系。不管是师承也好，独立性也好，我想卡米耶是客观存在的，很难说谁掩盖谁。

问：有人说，卡米耶的天才被罗丹掩盖了，您怎么看？

答：在世界艺术史上，同时代的艺术家彼此关联，所谓的掩盖是有可能的。但是，如果卡米耶的才能确实超过了罗丹，那是掩盖不住的。当然卡米耶也是那个时代中法国重要的雕塑家，但是，没有超过罗丹。她可能有某几件作品超越了罗丹，或者被更多的藏家欣赏，但这仅仅是一个方面。

考察一位艺术家，不能只看其一两件作品。当然，在世界艺术史上也有艺术家通过一件或很少的几件作品名垂青史，比如维米尔。维米尔是我最喜欢的画家，但他一生只有30件左右的作品传世。

实际上，人们并没有忘却卡米耶，人们还知道她和罗丹的关系。是师承也好，独立性也好，我想卡米耶是客观存在的，很难说谁掩盖谁。在中国画史上，比如恽南田，很有才华，很早就出名了，山水、花鸟画俱佳。但是，他认识王翚之后，认为王翚的山水在自己之上，从此不画山水，专画花鸟，成就了中国美术史上的一段佳话，我们不能因此就认为王翚掩盖了恽南田的山水画成就。今天我们再来考察王翚、恽南田山水画的成就，依旧认为恽南田是除"四王"外清初最重要的一位画家。那么，在研究19世纪法国雕塑艺术家的时候，除了罗丹，同样还能谈到卡米耶。

问：您如何评价罗丹及其艺术成就？

答：罗丹的一生是丰富多彩的，他的爱情、家庭生活也为他增添了很多传奇的色彩。因此，当我们今天呈现其某一点、某一个细节时，如果细细品味其中的关联和蕴藏的内容，就能更加了解一个拥有丰富人生的罗丹，一个具有杰出才华的罗丹，一个具有重要贡献的罗丹。

就像中国艺术家齐白石一样，罗丹留给后人的不仅是精神遗产，还有很多机会。罗丹博物馆在今天成为法国巴黎拥有观众量较多的博物馆。法国政府在罗丹去世后接受了这样一笔巨大的遗产，基于罗丹生前的遗嘱，建造了罗丹博物馆。

在此次展览中，我们在展厅多处呈现了罗丹博物馆的原貌，也是想以此告诉公众：一位艺术家如何回馈社会，一位艺术家如何把自己的作品与自己的国家联系在一起，这是一种奉献精神。从罗丹博物馆，我们可以看到罗丹捐赠的初衷和他回馈公众的理想。通过罗丹博物馆，我们可以让子孙后代记住这个伟大的名字，记住一位伟大的艺术家及其为社会做出的杰出贡献。

2014年11月27日，作为中法建交50周年系列活动的收官之作，"永远的思想者——罗丹雕塑回顾展"在中国国家博物馆盛大开幕。展览展出半月有余，前来参观的观众络绎不绝。此文据2014年12月12日在国家博物馆接受小博记者专访整理而成。

↑ 中国国家博物馆"永远的思想者——罗丹雕塑回顾展"展厅

"罗丹雕塑回顾展"诞生记

↑ 2014年11月27日,"永远的思想者——罗丹雕塑回顾展"在中国国家博物馆开幕

↑ 中国国家博物馆"永远的思想者——罗丹雕塑回顾展"展厅

| "罗丹雕塑回顾展"诞生记 |

让文物"活起来"

在"互联网+"的时代,如何让文物"活起来",正成为中国博物馆界的热门话题。但是,对于这个"活起来",现在很多文博单位在认识上有些偏差。所谓的让文物"活起来",是说不应该让那么多的藏品一直沉睡在博物馆的库房之中,而是要让它们更多地与公众见面,有更多的展出机会,或者用更多的方法让它们能够得到生动的展示。一方面,中国的很多博物馆场馆非常大,但展出的文物却有限,感觉不到博物馆的"博";另一方面,很多文物并没有在公众面前亮相的机会,或者亮相形式单一,同质化倾向非常严重,缺少个性和特色。因此,提出"活起来",就是让它们从沉睡中苏醒过来,让它们能够在公众面前得到更多的展示机会。"活"也要去除同质化,以多样化的特色显现中国博物馆版图上的"活"。

博物馆要让文物"活",除了要让文物有更多、更好的展示机会,还需要通过各种手段把文物中的历史故事、文化关系等展示出来,这是"活"的本质内容。博物馆在展出一些非常重要的藏品时,除了有一些展览标签显现基本的文物信息,还缺少以公众为中心的更丰富的内容，比如这件藏品是如何发掘出来的、如何流传的、如何鉴定它的时代、与其相关的有哪些文物等。实际上，很多博物馆并没有让展出文物得到完整的呈现。在文化共享的过程中共享研究的成果以及阶段性的内容，这是非常重要的，公众对这些背后的内容很感兴趣，他们也有必要了解这些内容。特别是经过科考发掘的文物，彼此的关联性非常重要。目前，很多博物馆单一化的呈现方式，让很多文物失去了一些与之相互依靠的丰富内容，因此，让人感觉到"死"而不"活"。比如，汉代墓葬中的画像石，我们通常注重的是画像石上画的是什么，是伏羲、女娲，还是东王公、西王母，等等，往往忽视了其在墓葬中的具体位置，而这一点是极其重要的，因为它反映了画像在当时的社会意义，以及人们的信仰。失去位置的画像不能说它没有价值，但博物馆还是要让公众能够了解与之相关的墓室结构、画像位置、每一块画像彼此之间的关系，这是文化共享的一个重要内容，也是文物"活起来"的一个重要方面。向公众完整地传递这种综合性的内容是博物馆的责任，也是衡量博物馆专业水准的一个评判标准。

除了唤醒那些深藏在库房中的文物，让文物"活起来"的方法还有很多，可是，目前博物馆的尝试往往局限在某些新的形式或科技手段的运用上。展示中的数字化，包括让画动起来，只是其中的一种方式，而不是"活起来"的唯一方式。很多博物馆一说到要使文物"活起来"，就会想到数字化手段和声光电的方法，导致有些博物馆完全背离了博物馆的基本原则。对于博物馆来说，展陈方式的新旧并不是很重要。放眼世界，像牛津大学阿什莫林博物馆这座最早的公共博物馆、世界上规模最大的纽约大都会艺术博物馆，以及卢浮宫、大英博物馆等老牌博物馆，对于新方式的运用都非常谨慎，所用的并不是很多，甚至不用。极端的案例是世界十大博物馆之一的埃及国家博物馆，其展陈还是几十年前的状态，但是，人们看到那些法老时代的奇珍时，完全忽略了展陈的不足。相比之下，正在中国博物馆界流行的所谓新方式的应用，正在消解博物馆的核心价值：一切以文物来说话，用文物来表现——文物至上。在中国的很多博物馆中，藏品可能不够丰富，或者是比较单一，缺少有世界影响力的历史文物和艺术品，因此，他们希望用新的方式来转移人们对博物馆核心价值的关注。展厅光怪陆离，特别是有的博物馆中一些电子设备经过一段时间之后，憨的憨，瞎的瞎，无人问津，实在不忍目睹。

"活起来"的核心关系到文化共享的质量问题，不是说把文物陈列或展现出来就实现了共享的目的，而是要把与它相关的内容，包括研究的成果一并展示，以显现共享的质量。其中不管是历史故事，还是其他内容，都关系到文化自信的问题，只有把这些内容完整地展现出来，才能够让公众了解博大精深的中华文化，了解其丰富性和复杂性，并获得更多的知识和愉悦感受。因此，不管在什么时代，博物馆都应该用多样性和丰富性吸引公众，用博物馆的专业语言来陈述专业的内容，反映文物的基本特征。博物馆的展出不仅是展示某一件作品、某一类作品、某一个时代的作品，或者是有相互关联的诸多作品等,更重要的是要在文化信息的完整性上下功夫,要在为公众传递多方面信息上去努力,要关注细节。这就需要博物馆在文明传播的过程中,研究规律和方法,让公众在博物馆展示中感受中华文明的伟大,增强文化的自信。

2018年4月17日

英国曼彻斯特博物馆用鹤的标本和千纸鹤叙述了一位名叫佐佐木贞子（Sadako Sasaki）的小女孩受原子弹伤害致死的故事，展示方式是千纸鹤从展柜内飞到展柜外，点明了"和平"的主题

鹤与纸鹤的展示延伸到广岛原子弹爆炸的遗物，以及背后与"和平"相关的故事，玻璃和铁丝熔化在一起（英国曼彻斯特博物馆）

英国曼彻斯特博物馆打破常规的展示，突破了知识和宣教的界限，也突破了文物和艺术装置的界限，真正做到了"活起来"

PEACE

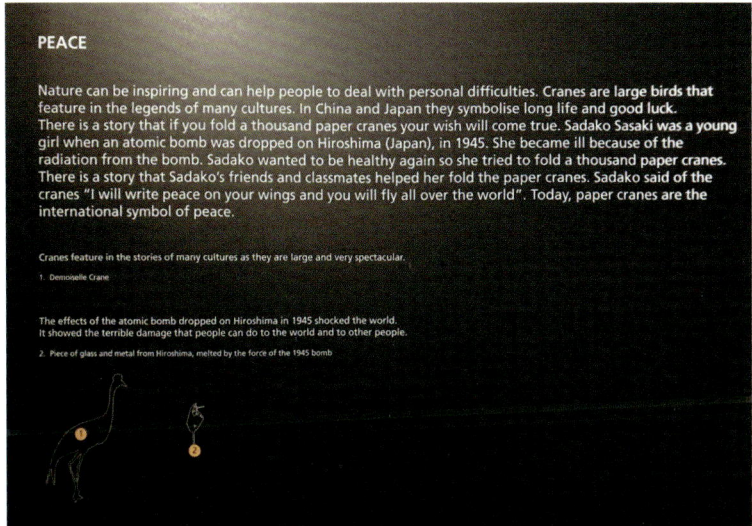

Nature can be inspiring and can help people to deal with personal difficulties. Cranes are large birds that feature in the legends of many cultures. In China and Japan they symbolise long life and good luck. There is a story that if you fold a thousand paper cranes your wish will come true. Sadako Sasaki was a young girl when an atomic bomb was dropped on Hiroshima (Japan), in 1945. She became ill because of the radiation from the bomb. Sadako wanted to be healthy again so she tried to fold a thousand paper cranes. There is a story that Sadako's friends and classmates helped her fold the paper cranes. Sadako said of the cranes "I will write peace on your wings and you will fly all over the world". Today, paper cranes are the international symbol of peace.

Cranes feature in the stories of many cultures as they are large and very spectacular.

1. Demoiselle Crane

The effects of the atomic bomb dropped on Hiroshima in 1945 shocked the world. It showed the terrible damage that people can do to the world and to other people.

2. Piece of glass and metal from Hiroshima, melted by the force of the 1945 bomb

↑鹤的展柜内还有其他禽鸟，喻示着自由与和平
↑英国曼彻斯特博物馆用鹤的标本和千纸鹤表达和平的主题，在展柜外一侧的墙上有文字说明

博物馆角落里"无尽的盛宴"

随着博物馆、美术馆的建筑规模越来越大，除展厅增多外，过道等公共空间也随之增加。如何利用好公共空间，让这些空间活起来，许多博物馆都有成功的案例和非常好的经验。最常规的办法就是根据公共空间的大小，安置一些展板，展现博物馆、美术馆发展的历史，使观众能够一目了然地了解建筑的过程和历史。因此，这些空间的利用对博物馆的业务有很大的帮助，也提升了博物馆为公众服务的范围与水平。所以，博物馆的公共空间，包括展厅的利用，能够反映博物馆的管理水平。闲置公共空间的充分利用，在某种程度上是扩大了展厅的数量和面积。

波士顿美术馆利用过道举办了一个"无尽的盛宴"特展，非常恰当地运用了闲置的公共空间。波士顿美术馆是我喜欢的博物馆之一，这家博物馆的建筑规模、专业安排，以及公众服务设施，都是比较周全的。波士顿美术馆在休闲功能上的空间利用水平也是少有的。该馆有很多餐厅，既有简餐，也有常规的餐厅，还有比较高端的餐厅，满足参观者的各种需求。

波士顿美术馆中具有诱惑力的过道

　　波士顿美术馆二楼的过道也是非常壮观而具有设计感的，就在二楼转向展厅的过道上，有一个"无尽的盛宴"的特展，可以成为博物馆充分利用闲置空间的典范。

　　"无尽的盛宴"是一个合作的艺术项目，旨在探索食物和文化的相互联系。波士顿美术馆在 7 个月的时间里，与朗达·韦普勒（Rhonda Weppler）合作，邀请来自波士顿地区 10 个社区组织的年轻艺术家创作了可食用雕塑，同时作为大型摄影作品墙的素材。作品墙的背景也完全由可食用的材料制成，再现了来自世界各地的桌布图案。这里还有孩子们喜欢的糖果，用软糖和符合食品安全的硅模具制作微型盘子、碗和其他食品。他们的灵感来自波士顿博物馆馆藏和艺术品，以及不同文化背景的艺术家多样化的食品，如中国蛋挞、萨尔瓦多辣酱玉米馅饼、牙买加米饭和豆类等。这些食品被拍摄后，就会在这个超现实的史诗般的"无尽的盛宴"中占据真实食物的视觉空间。这个展出空间不远处就是博物馆一层大餐厅以及地下餐厅，沿着过道往前行，还能够看到很多人在这里就餐。

为了对应这个巨大的照片，年轻的艺术家都制作了一个他或她前一天吃过的一顿饭的小雕塑，这就是与墙面巨大的摄影作品墙所对应的展柜陈列——"昨天的食物"。这些"昨天的食物"使用膨胀铸造材料，通过作品的纹理，可以看到制造者的指纹，这些缩微的模型又让我们反思年轻艺术家的日常生活及其独特身份。策划人还考虑到博物馆展示的艺术品和文物如何不仅代表历史的强大力量和社会习俗，而且还代表那些正在经受饥饿或享受美食的人。

2018 年 10 月 26 日

↑过道空间中的"无尽的盛宴"
↑"无尽的盛宴"实际上是一件展品,细节很丰富

博物馆角落里"无尽的盛宴"

博物馆的展品说明牌

与博物馆的空间以及博物馆展览中的诸多工作相比,说明牌只是"方寸之间"的物件,因此一般都不会太受重视,甚至经常被忽视。尽管如此,说明牌在博物馆却是不可或缺的,不可因事小而不为。

说明牌又称"展签",用以说明展品,应该是和博物馆同时诞生的,是博物馆公众性的一个体现。最初英国收藏家把藏品捐赠给国家,国家向公众开放展陈,为了让公众能够了解陈列品而用文字加以说明,这就有了说明牌。说明牌在过去很简单,现在一般来说也不是很复杂。随着社会的发展、科技的进步,说明牌也有了多种形式,有的出现了二维码等现代化元素,有的延展了服务,譬如盲文等,可是传统的形式仍然占据着重要的地位,仍然是主流的方式。说明牌在展厅中,一般跟随展品,不离左右,但也有在一个展柜内集中呈现的。说明牌通常摆放在展柜内,也有粘贴在墙面上的,还有独立的说明牌位于特定的空间内,或与护栏结合在一起。说明牌的职能是说明展品的相关信息,通常包括作者、名称、时代、尺寸、发现的时间和地点、流传的经过、收藏的地点等相关内容,进一步可以对展品做一般的叙述和描绘,更专业一点的,还有藏品在博物馆中的编号,等等。这些内容的安排是各博物馆基于展览的要求而设定的,内容可详可略,但必须以公众为基本的考量,应该以满足公众了解、认识展品的要求为出发点。因此,在越来越多的公众进入博物馆的今天,博物馆对于展品的说明牌应该予以高度的重视。

说明牌虽小,却关系到公众进入博物馆参观的基本感受和获得知识的多少,因为观众主要通过各类说明牌来了解展览和展品的情况。在博物馆中,有的展品本身比较简单,不管是表现内容,还是材质、工艺等,都一目了然,且不具有与其他展品等相关联的内容;有些展品却非常复杂,它可能自身就有很多的内容,甚至包括名称中的文字,可能都是一般观众所不认识的,如中国古代青铜器中一

韩国国家博物馆说明牌

些器物的名称有许多生僻字,就需要用拼音来标注。至于丰富内容的解读,也需要博物馆的专家在说明牌中加以提示。还有一些展品与其他展品或者与墓葬出土等有关联,公众对此也会感兴趣,这也是公众认识展品的一个重要方面,这种关联性带来的丰富的信息需要在说明牌中加以说明,否则观众只是孤立地看展品,无疑会降低展览的文化内涵和社会职能,也会削弱展览的教育意义。

说明牌依附于展品和展览,不是独立的存在,但又有其自身的价值。说明牌的设计也有学问,它与博物馆的空间和展品有特定的关系,其形状、大小、色彩、排版,还有摆放的位置等,都非常讲究,都要遵循美学的原则。现在有很多博物馆不太重视说明牌,一些说明牌的设计与安排不够关注公众的感受:有的字非常小,根本看不清楚;有的贴得很高或很低,不便于观看;有的大小不合适,与展品不协调;有的因为展柜中的展品数量多,说明牌摆放杂乱无章;有的做得花里胡哨,毫无美感。说明牌既反映博物馆的专业水准,又反映博物馆对待公众的态度,其设计应该既美观大方,又能丰富博物馆的展陈形式,以和谐为主要追求。

说明牌虽小,却能反映博物馆在展陈细节上是否考究,也能反映博物馆从收藏到研究等方面的专业水平,更能反映博物馆对公众的态度。就说明牌的具体内容而言,可以更丰富、更多样,也可以更生动、更考究。一般来说,说明牌上的主要内容都是展品的基本信息,这对于公众来说是远远不够的,博物馆应该根据展览和展品,有针对性地撰写具体的内容,而不是简单地用基本信息做一般

罗丹博物馆出口处的致谢文字

性的表述。其内容要兼顾不同的人群，要言简意赅，当然，能够兼顾展品与展品之间的关联和其他方面，会更加有益于观众欣赏展览。为了让说明牌生动起来，文字的魅力也非常重要，有趣味地叙述有意思的内容，一定比干巴巴地交代要好。但是，现在博物馆界"卖萌"的风气盛行，也有损于博物馆的品格，有的甚至有庸俗化的倾向，所以，文字的品格也很重要。说明牌文字内容的把握和拿捏并不是很难，但要做好也不容易，应该在趣味性和知识性方面下功夫，使人们感受到博物馆工作人员的感情，这种感情就是文化共享中的温度。

2018 年 5 月 27 日

↑法国奥赛博物馆展品的标签
↑法国奥赛博物馆说明牌

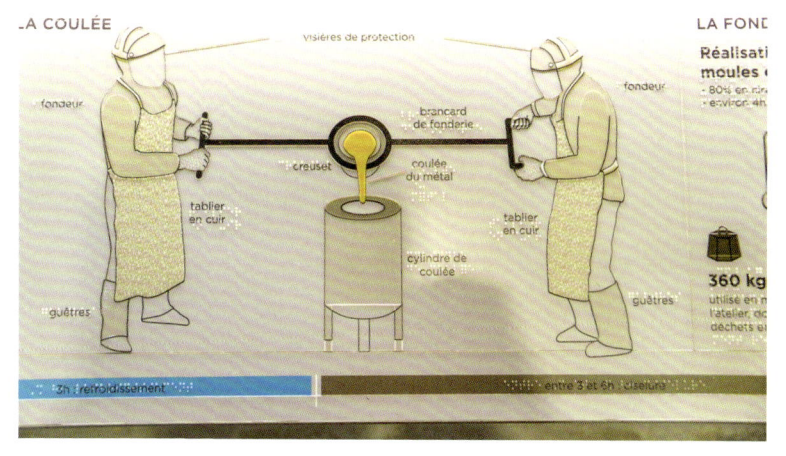

↑法国巴黎铸币博物馆中带有盲文的说明牌
↑英国大英博物馆说明牌

博物馆的展品说明牌

兵马俑的手指与博物馆的安全

就我曾经在中国国家博物馆工作的经历和经验而言,国外的一些博物馆,尤其是那些声名显赫的大馆,对于和我们的合作,都有严格的场馆方面的要求,不仅是展品的安全与保卫问题,还有对场馆硬件方面的要求,包括温度、湿度等具体的硬性指标。2011年,德国与国博合作的"启蒙的艺术"展览,德方甚至在国博的展厅内安装了能在德国监控温度和湿度的设备。国博这么多年来没有发生过任何关于展品安全方面的问题,保证了国家博物馆的声誉不受损害,同时也建立了一个很好的与国外博物馆之间合作与信任的基础。

最近从新闻中得知,秦始皇陵兵马俑在美国费城的富兰克林学会博物馆展出中受损,我感到非常震惊。这次在费城展出的,除了10件陶俑,还有金银玉器钱币等170余件文物。而这个时候另外一个秦始皇陵兵马俑的展览正在英国利物浦国家博物馆旗下的利物浦世界博物馆展出,这个由英国利物浦国家博物馆和陕西省文物局合作举办的"秦始皇和兵马俑展"于2月9日开幕,将展出至10月28日。客观来说,在美国费城的展出,如果不是因为展品受损的问题,很多人还真的不知道有这个展览。

我去过世界各地 300 多家博物馆，也去过费城，但没有去过富兰克林学会博物馆，此前也没有听说过这家博物馆，可能这是一个规模不大的博物馆。那么，我们对于它的场馆要求可能就没有那么严苛，至少没有像西方国家的一些大馆对我们的要求那样，也有可能是我们对于它的场馆硬件以及管理能力失察，没有审查它是否具备展示秦始皇陵兵马俑这样的国家一级文物所必需的基本设施。秦始皇陵兵马俑多次到国外展出，我们往往只注意到它获得的巨大成功和反响，但是并不意味着这些展出场地及规模都是一流的。费城富兰克林学会博物馆是隶属于学会的一个博物馆，这种学会博物馆可大可小，大的如美国史密森学会下属的位于华盛顿的几家著名大馆，其余的一般都不是很大，与之类似的有纽约的亚洲协会博物馆。规模不大的博物馆，在安保基础设施尤其是工作人员的数量等方面是有所欠缺的，很难保证展品的安全。在这一事件中，肇事者在闭馆之后进入博物馆，其过程没有被保安发现，而该馆的监控系统亦形同虚设。可笑的是，"直到几周后，博物馆的工作人员才发现这个兵俑少了一根手指"。由此可见，该馆即使在硬件上有保证，但几乎到了没有管理的地步。

如此重要的文物出国展出，场馆中没有或缺少安保措施和安防预案，这也是我方的失察。如果有最基本的红外线报警，当有人进入某个区域，尤其是闭馆之后进入某个区域，设备就会报警，安保人员就能在第一时间赶到现场，从而快速有效地处理问题、保护现场。博物馆内什么事都可能发生，卢浮宫还发生过枪击事件呢，偷盗也时有发生。所有的安全问题都应该成为前车之鉴。

在国际交流展方面，我们即使不能经常和像大都会艺术博物馆、大英博物馆这样的世界一流博物馆合作，也必须在和中型博物馆合作时，提出一流博物馆的安保要求。与小型博物馆的合作则应该谨慎，国家文物局应该严格把关。国家文物局应该提出文物出国展览对场馆的基本设施要求，不符合要求的展出要明令禁止。这一次兵马俑展出的事件，给我们的出国文物展览敲起了警钟：在对外合作中，尤其是在中国重要的文物"走出去"的过程当中，应该严格考察对方展馆是否具备基本的规模和设施要求。安全第一，不能完好地去，缺指头回来。

在世界上任何一个国家，在任何一家具有专业认知的博物馆，对于具有重要历史和艺术价值的文物和艺术品的展出，其展出的场馆中都必须有足够而充分的安保技术手段。博物馆保护文物不受损坏是天经地义的，这是博物馆立馆最基本的准则。这次受损的兵马俑是没有展柜的裸展。就裸展而言，在全世界大小不等的博物馆中都可以见到，通常用于展出一些大型的、不易损坏的展品。裸展这种方式并不完全代表不安全，却是所有展出方式中安防级别最低的。因为展品没有展柜或玻璃罩的保护而裸露在外面，有的甚至触手可及，因此，博物馆通常会在展品的周围设有不可触摸的警示。裸展也是以安全为基础的，配备专门的人员看管也比较常见，而现在相关的报警设备基本上是标配。如果缺少必要的硬件防护，裸展是容

阿根廷国家美术馆中的盲人教育

易出问题的。当然也有像墨西哥人类学博物馆那样的情况，中央大厅里面展出的是巨大的玛雅或印加文明中的石质文物，基本上没有任何防护，触手可及，但多年来少有触摸，也没有损坏，这是建立在公众主动不触摸的基础之上的。公众能有对历史文物的敬畏之心，需要有个历史过程，需要几代人的努力，需要教育的支撑。实际上，对于博物馆这样的公共文化服务机构而言，公共安全问题无时不在，它与社会公共安全的整体状况相联系，只能采取各种方式去预防，然而，防不胜防。

现在，博物馆界提出与观众互动，使得有些人误认为是与这些展出的文物进行直接互动。互动的方式多种多样，但不管如何互动，不能触摸展出的原作是不可突破的底线。在有的博物馆中可以看到一些盲人触摸展品，那是专门为盲人准备的复制品，而不是原作。像秦始皇陵兵马俑这样有两千多年历史的中国重要文物，在世界上任何国家都不可能产生与之互动的问题，所以，用展柜、隔离带以及其他技术手段去隔离公众的直接接触是必要的。这次费城富兰克林学会博物馆出现的肇事者掰断秦始皇陵兵马俑手指的事件，是一个严重的事件，这个事件应该引起各方的反思。

本文原载 2018 年 2 月 23 日《中国艺术报》。

〉〉〉〉〉〉〉〉〉〉〉博物馆之教育

在芝加哥艺术博物馆邂逅安娜

芝加哥艺术博物馆每周四开馆到晚上八点,让上班族有进入博物馆的机会,也给像我这样的过客多了 3 个小时看博物馆的时间。实际上,我是在德里豪斯博物馆临近五点闭馆的时候才转移到此的。如果一座城市中的所有博物馆都是下午五点钟闭馆,那这座城市的晚上就缺少博物馆的温情,城市的魅力也就会减少许多。城市的晚上,如何增加一点文化和艺术的去处,除了剧院、电影院,博物馆、美术馆也应该有所作为。

我走过老馆,进入心仪的新馆,眼前大的结构都比较熟悉,只不过与上次所见相比,大厅里悬挂了许多画,未及细看,感觉不是太好,有点乱。在漫无目的中,感觉确实太累了,看到过道上有一个台子和一把椅子,没有人。我知道这是工作人员坐的地方,就想在这里坐一会儿,没想到主人过来了,聊了一会儿,我问她叫什么名字,她给我看了她的工牌,上面写着"ANNA"(安娜)。她非常热情跟我打招呼,有问必答。我知道她是志愿者之后,就跟她聊了关于志愿者的话题。她非常热爱志愿者这份"自愿"的职业。

如果在中国，安娜应该已经到了颐养天年的时候，或者在大街上跳广场舞，或者在麻将台上，或者在电视机前。但是，她还没有退休，在一家图书馆中做图书管理员。从早晨上班一直忙到下班，

热情的博物馆志愿者安娜

在芝加哥艺术博物馆邂逅安娜

很敬业。下班之后，她没有直接回家，而是来到芝加哥艺术博物馆做志愿者，一直要到晚上八点钟闭馆才回家，可见她这一天是非常辛苦的。她白天管书，晚上管人。安娜一直满脸笑容，非常和蔼，颜值也很高。在国外的博物馆中，经常会看到一些年纪比较大的志愿者，他们都有与博物馆的感情，他们与博物馆都有很多故事。因此，他们的热情、他们的辛劳以及他们的努力，对博物馆很重要。

安娜说她对艺术有特别的爱好。她在艺术博物馆做志愿者已经有两年的时间。在一般人看来，在博物馆做志愿者是很简单的事情，就是看看场子，或者是为观众疏导和回答一些问题，或者是做讲解员，等等。总之，人们对志愿者的感觉好像并不是那么专业，帮帮忙而已。安娜告诉我，博物馆并不是人人都可以来做志愿者的，要经过严格的考核，考核之后要经过培训。芝加哥艺术博物馆比较大，而且非常精致，其藏品也很丰富和全面，布展也很讲究。艺术博物馆的建筑结构复杂，因为由老馆和新馆两部分组成，其内部关系相对一般的博物馆来说要复杂得多，从场刊的平面图上看，大大小小一共有399个展厅。因此，对于志愿者来说，要把这些展厅所在的位置、正在展出的内容都记下来，那可不是一件容易的事儿。安娜说在这里做志愿者记性要特别好。通常我们认为人到了60岁这个年龄是记忆力衰退的时候，可是，安娜依然非常努力记住这些内容。她说每位志愿者都要经过20个小时的培训，必须记住每一个展厅在什么位置，每个展厅里正在举办什么展览，展览中有什么特别的或重要的展品。她拿出一份印刷资料，指着上面的一件作品，告诉我这件作品已经到了中国的上海展出。她每天要回答观众提出的各种各样的问题，最多的还是关于展厅的位置和展览的信息。如果有观众要问某件著名的作品在哪里，不但要准确说出这件作品的位置，还包括到国外去展出的信息。

正说话的时候，楼下传来了非常动听的音乐声，俯首望去，是萨克斯和大提琴以及吉他的三人组合。楼上楼下的观众一下子都被音乐吸引住了。演奏者所在大厅的上面是一个观众休息区，观众在那里可以喝一点饮品，或者吃一点简单的食品。在这个休闲区听到如此美妙的音乐，是非常惬意的事情。安娜告诉我每个星期四博物馆里都有这种演出，只不过此前都是在户外的一个空间中。今天还是第一次在室内演出。

博物馆用多样的方式吸引观众，营造艺术氛围，应该是博物馆的职责所在。博物馆用多种方法来拓展自己的生命力以及吸引力，正是博物馆得以存在几百年的一个重要的原因，在这几百年的发展过程当中，博物馆人包括志愿者，通过自己的辛勤努力，再加上城市居民的支持，使博物馆在城市中的地位越来越重要。博物馆的服务是一个永无止境的话题，是一个能够反映博物馆特色的重要方面，是一个一直都需要解决的问题。博物馆服务永远在路上。

2018 年 9 月 29 日

在菲尔德自然历史博物馆遇见玛丽

  菲尔德博物馆是一座自然历史博物馆,在芝加哥口口相传。它的大堂非常气派,从南到北贯通,两边都有出入口,其大堂的高度虽不及中国国家博物馆,但也相差无几。从入口进门之后,售票处位于大堂中,这在其他大型博物馆中很少见。

  我看完上下三层的大多数展厅,回到了中央大厅,在前台志愿者的席位上,遇到了玛丽。玛丽在这里当志愿者已经10年了,她和芝加哥艺术博物馆的安娜一样,也是在图书馆工作。玛丽是一位电脑工程师,每个星期天都在菲尔德自然历史博物馆上班。她非常热爱自己的工作,非常勤勉地对待每一位咨询者,她把这份没有薪水的工作看成是自己生命的一部分。

  玛丽能够非常熟练地回答观众所提出的每一个问题。同时她还强调:"我不仅知道博物馆和图书馆的事情,外面哪儿有好吃的,哪儿有好玩的,包括哪个地方卖便宜的东西,我都知道,你问我吧。"——她非常的自信,有点像过去上海滩的"包打听"。玛丽为菲尔德博物馆增添了一道特别的风景,对于博物馆来说,能够有

玛丽还能告诉你，在这座城市哪里有好吃的，哪里有便宜货卖

更多像玛丽这样的志愿者是一种运气。他们真正不求名不求利，完全是兴趣所在。

玛丽非常热情地拿出一份中文导览图，封面上写着：

"一切从 SUE 开始！参观迄今为止发现的最大、最完整的霸王龙！"

玛丽介绍说馆里有一个很有意思的活动——"和恐龙睡一晚"。迄今为止发现的最大、最完整的霸王龙是菲尔德博物馆的标志，侧门正立面悬挂的巨幅广告上就是霸王龙的形象。玛丽说一年中有几个特别的时间，通过电话预约，6 岁至 12 岁的孩子可以申请在博物馆和恐龙睡一晚，这对很多孩子来说都是非常向往的事情，大多数孩子 6 岁之前都没有离开过父母，参加与恐龙睡一晚的活动，离开父母和家人的这一晚，陪伴他们的还有博物馆的志愿者。这些志愿者像家长或幼儿园的阿姨一样陪伴这些孩子度过一个梦想成真的夜晚。

玛丽打开平板电脑告诉我如何预约。在接下来的时间里，2019年有三个晚上都有"和恐龙睡一晚"的活动，费用是每人70美元，团队15人以上，每人65美元。参与的孩子需要自备睡袋和被子。如果有中国的孩子得到这个消息，一定非常有兴趣，以圆和恐龙睡一晚之梦。

"和恐龙睡一晚"是一个极有创意的活动。博物馆如何更好地吸引公众，如何用独特的想象来吸引更多的观众，吸引各个年龄和各个文化层面的观众进入博物馆，感受外面感受不到的内容，这个活动提交了一份答案，这也正是博物馆利用自己的藏品来开展教育活动、开展社会活动的一个独特的案例。

菲尔德自然历史博物馆还有一些小推车，上面放着动物、植物的标本，或动物的骨骼，也有志愿者非常耐心地向家长和孩子们讲解。这种讲解实际上是一门特别的课程，区别于在展厅里看展览，是一对一的辅导。

如果没有这些志愿者，博物馆要增加几倍的编制才能完成如此的工作量。因此，招募志愿者，利用城市中富余的人力资源来服务于博物馆，既节省了博物馆管理上的人力成本，又能实现那些对博物馆和艺术有特别爱好的志愿者的愿望，可谓双赢。如果博物馆有更多像玛丽这样的志愿者，有问必答，博物馆的美誉度将会不断提升。这就是博物馆非同一般的服务。

2018 年 10 月 1 日

〉〉〉〉〉〉〉〉〉〉〉博物馆之运营

博物馆的运营之道

博物馆如何协调职能转换

博物馆挖掘藏品内涵,与文化创意、旅游等产业相结合,开发衍生产品,增强博物馆发展能力等,都是一些老话题。但是,这几年说得比较多,而且不断在说的,是开发衍生产品,好像这些问题成了博物馆的主要问题。实际上,与文化创意、旅游等产业相结合,开发衍生产品,增强博物馆发展能力,并不是博物馆主业中最核心的问题。因此,也谈不上根据这些问题来说博物馆如何去协调职能转换。博物馆只有在本质上去思考发展的问题,才有符合博物馆特性的实际意义。

博物馆以藏品为基础。博物馆的藏品多的数以万计,包括不同的时代、不同的品类、不同的材质、不同的造型、不同的工艺,围绕着藏品有大量的整理工作,整理之后还有研究、利用,这都需要有一个时间过程。只不过在中国的很多博物馆这个过程比较长，问题也比较复杂。有的考古机构和博物馆是分离的，各自为政，所以，有的考古发掘在结束了几年或者数十年之后，考古报告还没有出来，见证成果的文物也没有与公众见面。而有的博物馆中的许多藏品一直深睡于库房之中，很难与公众见面。因此，挖掘藏品的内涵首先要有整体、研究的基础工作，然后，需要通过展示把藏品内涵挖掘出来；更需要在深挖藏品内涵基础上的高水平的策展与展示。

策展很重要，策展的过程也是挖掘藏品内涵的过程之一。只有把丰富的藏品内涵挖掘出来，串联起来，提供给观众，才是现在业内常说的"活起来"。

当然，与文化创意、旅游产业的结合问题，也是博物馆运营的基本方面。毫无疑问，博物馆的文化资源要通过文化创意去转换，而与旅游的结合则会带动客流量，会提升博物馆的社会知名度和社会影响力。而每一家博物馆的情况各不相同，有些博物馆，特别是那些非公立博物馆，对于访客数量有着很高的追求。比如说像法国的罗丹博物馆，荷兰的凡·高博物馆，其年度运营经费主要来源的三分之一是靠门票，因此观众数量对它的生存很重要。这类博物馆对于挖掘藏品内涵，与文化创意、旅游等产业相结合，开发衍生产品，都有着非常高的自觉。

博物馆开发衍生产品需要根据博物馆自身的情况。有的博物馆自身有非常好的资源和优势，而这个资源优势是建立在它的历史渊源和长时间积累的具有历史厚度的社会影响力上的，但有的博物馆不具有这样的资源优势。所以，并不是每一家博物馆都可以通过开发衍生产品而获得发展的动力。衍生品的开发只是产业链条的一部分，接下去有销售的问题，如果生产出来，销售不出去，问题更严重。对相当多的博物馆来说，自身的藏品没有广泛的社会知名度，博物馆所在的地区、博物馆的历史，又不具有支撑开发衍生产品的基础。因此，让所有博物馆都通过开发衍生产品来提高博物馆的发展能力，是不切实际的。

博物馆应该根据自己的实际情况来利用自身的资源，把一些长期闲置的资源，变成有效的社会资源来为博物馆的发展服务，这需要知识、智慧、能力的相互融通。拿博物馆的藏品来说，如果某几件能够代表博物馆藏品实力的重要藏品，或者作为镇馆之宝的藏品，在这个地区没有广泛的影响力，那么，藏品内涵对文化创意、对旅游业的影响就无从谈起，也就不可能据此来开发衍生产品来获得一个更为广泛的知名度。

近年来，一股把文化创意与旅游结合，以及衍生品开发的社会风潮，提升到一个很高的层面，社会也给予了很高的期盼。而对于博物馆主业的社会关注正日益消减，因此，我们应该回到博物馆的本体价值之上，应该让更多的公众在走进博物馆的时候，知道什么是博物馆——博物馆可以有很好的餐厅和咖啡馆，但博物馆不是餐厅和咖啡馆；博物馆可以有很好的商店，但博物馆不是商店；博物馆也不是庙会或娱乐场所；博物馆更不是科技馆。

博物馆的核心价值是要通过藏品来叙述自己的历史，来展现文明和艺术的创造，来阐明自己的文化立场。只有这样，博物馆才有可能在相关藏品的内涵挖掘、文化创意与旅游结合、衍生产品的开发等方面，表现出博物馆的实力和独特性，从而提升博物馆在城市中的社会地位以及在国际上的影响力。

博物馆的经费与收支

关于博物馆的运营经费问题，每家博物馆的状况也是不相同的。公立和私立博物馆大相径庭，而公立博物馆因其所属关系也不尽相同。属于文化部系统的，还是属于省级系统、市级系统、县级系统的，其经济状况千差万别。东部和西部，南方和北方，民族地区和非民族地区等，其经费的状况也有不同。

公立博物馆的经费都有保证，有些博物馆的经费还很充足。然而，全世界博物馆的普遍状况又都是缺钱，非常缺钱。中国很多公立博物馆最缺的是收藏费，因为市场上的文物和艺术品价格都很高。即使年度收藏经费上亿，有时都买不起一幅画。美国大都会艺术博物馆的前任馆长康柏堂就是因为经费问题而被董事会解职。而在中国，只要不贪污、挪用，没听说因为经费问题而被革职的。不管是哪一级的中国馆长都不会举债营运，有多少钱办多少事的持家风格，也成为博物馆的基本规则。对于多数博物馆来说，博物馆所缺的并不是专业上的经费，因为有年度经费预算。可是面对新增的项目，往往是捉襟见肘。很多博物馆缺的是未列入预算的那一部分。预算往往是基于上一年度的花费。博物馆的级别越低，基数就越低，每年新增往往非常有限。这也在一定程度上反映了各级政府对于博物馆的认知和重视的程度。"只管生不管养"的问题也很普遍，一次性投入建了很大的馆，可是，没有充分考虑到运营经费，节衣缩食往往成为常态。而所谓的不缺钱或有保障，大致也是在节衣缩食的状态之中。

公立博物馆的年度经费来自各级政府的财政。年度拨付的经费大致分为两个部分，一是和人员工资、福利关联的费用，二是相关的业务经费，通常包括收藏、展览等业务费用，单列、专款专用。对于相当多的博物馆来说，人员经费是主要的，是需要保障的。博物馆的工作人员并不只是定编定岗的那一部分专职人员，还有相当一部分是派遣制的临时聘用人员，这一部分人员在很多博物馆、美术馆超过了定编定岗的人数，有的甚至是远远超过。这一部分人员的工资、福利并不在政府财政的预算之内，需要博物馆在自收的经费中支出。这就有了在国家财政基础上的自筹自支的问题。

这也给博物馆提出了一个自筹资金的问题。像有些县市一级的博物馆，定编人数非常少，有的只有几个人，那么，在一个只有三五个人的县级博物馆中，一位馆长，一位书记，一位副馆长，一位办公室主任，要维系博物馆的对外开放是不可能的，还需要讲解和展厅工作人员等，需要请保安、保洁人员。实际上的工作人员多数是非体制内的临时聘用人员或派遣制员工，这一部分人员的工资以及其他相关经费的支出，往往需要馆长去精心地运营。博物馆的收入问题也就成了馆长日常需要考虑的。这种自营的问题在各博物馆之间也是各不相同。相同的是，公立博物馆都有免费开放的政府补贴，这一部分收入对绝大多数博物馆来说是不可或缺的。有的博物馆如果失去了这一部分经费，开门都是问题。关于博物馆的营收，国外的博物馆一般是三分之一来自门票收入，三分之一来自衍生品、餐饮或其他的经营项目，三分之一来自赞助、场租和其他。法国罗丹博物馆的三分之一营收来自罗丹作品的复制；荷兰凡·高博物馆的三分之一来自借展费。中国的许多博物馆时常举办一些与主业没有关联的临时展览，在很大程度上是为了场租费，因此，博物馆基本上都有临时展厅，几乎是标配；而有的博物馆的临时展厅很多、很大。这种现象在国外较少。

博物馆的资源优势决定了它的营收状态。大城市、大馆具有较好的资源优势，中小城市的博物馆要想获得场租费的收入是很困难的。现在很多省级馆建立在新区，实际上也失去了获得自筹资金的资源优势。加上现在城市中的展览场所增加很多，很多博物馆失去了往日独一无二的地位，营收也就相对困难。

对于博物馆来说，自筹的资金往往是解决运营中实际困难的。国家政策上有很多制约，有很多规矩，使得即使收支两条线，也在一定的可控范围之内。因此，自营的收入与合理的支出，都可能需要一些策略。这些都要在合理合法的范围之内。各级政府应该要有政策上的确定性，就是当博物馆合理获得收入的同时，应该让其在合理的支出方面有政策的依据，并且，应该给博物馆以一定的自由度。

另外，国家在财政安排方面能否更好地考虑博物馆的实际情况，根据定编定岗的人员来落实每年财政投入。这之中定编往往是因为国家编制的严格限制，那么，博物馆不在定编范围之内的那一部分定岗人员经费安排，应该纳入年度的政府投入计划之中。因为目前的定编定岗依据的是政府在编制范围内的人数，实际上定的是一部分的编制和一部分的岗位。这就造成了馆内人员的两种待遇，实际上不利于博物馆的工作。

博物馆在运营工作中采用多种手段来解决营收的问题，是一种积极的态度。体制内定编定岗是必须的，可是，定编定岗的科学性，定编定岗与财政之间的相互关系问题，决定了博物馆在运营过程中的一些实际。因此，博物馆在实际的运营过程当中，应该在政府的帮助下确定好自己的年度经费计划安排，除在门票方面的补贴外，更多的是需要其他方面的实际考量，以使博物馆的运营在年复一年中获得良性循环。

博物馆如何从对"物"的管理转向对"人"的服务

对物（文物）的管理和对人（公众）的服务，是从博物馆诞生之日起就一直存在的两个方面的重要职能。这个物的管理就是藏品管理，包括了常规的管理、修复等，也包括对于文物的研究、利用。博物馆的重要职能和专业工作是离不开藏品的，因为离开了藏品的博物馆，就只是一个建筑。

在近年来博物馆发展的国际潮流中，博物馆对观众的服务已经提高到一个很高的认知层面，在收藏、研究、展示与教育的基本功能之外，现在还强调与观众的互动，以及多元的体验等，但这只是一种新的拓展，不能影响主要的业务，不能喧宾夺主。如果把与观众的互动以及其他的有关服务，上升到一个核心层面的话，可能会偏离博物馆的主业；而偏离了博物馆的主业，所有的服务就没有了与博物馆关联的实际意义。比如说，服务做得非常好，非常的体贴，给观众一种礼宾的待遇，可是，进到博物馆看不到好的展览，也没有好的文物展示。博物馆需要有很强的专业性才有可能吸引公众。

博物馆的专业服务建立在好的展览策划、藏品的利用，以及展览所表现出的为公众服务的具体内容上。只有这样，观众进入博物馆之后才能感受到博物馆的服务是其他地方所没有的，是一种只属于博物馆的专业服务。与收藏、研究、展示、教育等专业关联的专业的服务，是博物馆的立馆基础。

韩国的国家博物馆、美国芝加哥艺术博物馆都有专门的设置，满足观众"摸"展品的需要，在重要展品的周围设置复制品展台，或者设置专门可以摸展品的区域。这种来源于公众需求的互动，是在专业基础上的满足。创造能够与观众互动的专业服务还有很多方式，一定是根据展览和陈列的实际。

关于博物馆的营销以及营销策略，这在国内博物馆好像不是问题。因为博物馆没有自觉的营销，基本上是等客上门。没有营销的自觉是因为营销无关乎实际的利益。国外许多博物馆是自觉营销，因为营销关乎生存。他们会制订各种切实可行的营销策略，包括藏品的复制、借展的安排等。

博物馆的品牌化

每一家博物馆都是不一样的，比如世界上只有一个故宫，只有一个卢浮宫。它们的品牌已经是基于国家和城市的历史而存在。新的博物馆就缺少这样的资源优势，建立品牌的社会影响力就比较困难。也有一些博物馆是基于历史的发展，已经获得了其独特的社会地位，有了自己的品牌，像美国大都会艺术博物馆、法国的蓬皮杜艺术中心等，加上时间的积淀，这些博物馆已经有了品牌的影响力。

中国的一些博物馆，比如像湖南省博物馆有马王堆墓，湖北省博物馆有曾侯乙墓，还有像敦煌、云冈等石窟遗存，这些都是品牌的主要内容。现在博物馆和美术馆几乎已经成为城市的标配，但是，能否形成城市的品牌，主要看它存在的价值和意义，以及它的作用和影响。

对很多博物馆来说，品牌是不需要打造的，基本上是自然生成的。可是，对新的博物馆来说，就需要悉心运营，需要获得广泛的社会认知，通过时间的积淀来逐渐建立起自己在这座城市中的品牌地位。品牌地位的确立还和博物馆的藏品相关联，比如有世界上最大的恐龙、最大的鳄鱼，都有可能成为品牌的标签。有一座知名的博物馆建筑，也是确立品牌的一个重要方面。比如像巴黎的路易·威登基金会美术馆，因为其建筑的特殊性而增加了品牌的特别内容。还有像位于法国朗斯的卢浮宫分馆，也是因为建筑的影响力，否则，人们要看卢浮宫的藏品直接去卢浮宫就可以了，完全没有必要跑那么远到那个几近废弃的城市中。分馆也借用了卢浮宫的品牌，如果没有卢浮宫的品牌效应，在那里建博物馆几乎是不可能的。还有日本的美秀博物馆，完全是因为贝聿铭的设计，否则，谁会去离中心城市那么远的自然保护区中的博物馆。

总之，博物馆的品牌以及品牌的社会影响和知名度，取决于很多方面。博物馆的每一点努力，对于博物馆的存在和社会影响，都具有重要的意义，也关联历史和未来。

本文根据 2019 年 3 月接受《艺术市场》"大视野"栏目的采访提纲改写而成。

↑ 韩国国家博物馆为观众设置了可以触摸的复制品展台
↑ 韩国国家博物馆的洗手间内有为儿童准备的脚垫

博物馆之美

↑法国卢浮宫多种文字的路线指示
↑美国盖蒂博物馆中以儿童游乐为主的专馆

博物馆的运营之道

博物馆的衍生品

衍生·延伸

博物馆衍生品成为时尚潮品,在中国已经形成趋势,并引发如何看待"爆款"、如何看待"爆"的问题。但是,以中国之大,博物馆之多,要说博物馆的衍生品已经成为时尚潮品、爆款,显然还言之过早。

博物馆的衍生品是与博物馆的收藏、展示、研究等主要业务有很强关联的文化产品。作为博物馆形象的另一种表现形式,它所承载的博物馆功能是超于许多专业之外的,它在博物馆之中是不为专业的专业,是"另类",它是让观众把博物馆带回家的具体而实在的载体。这些衍生品与博物馆的藏品和展览之间有着特别的关系,它们的设计或是基于博物馆的镇馆之宝,或者某个展览的代表性作品,而这些作品的意义和价值正反映了博物馆的社会影响和知名度。因此,世界上很多博物馆都设计和生产了自己的衍生品,这是一种潮流,反映了博物馆发展的水平和高度。衍生品是博物馆专业的延伸，也是博物馆走向社会、为更多人所熟知的一种方式。售卖这些衍生品的博物馆商店，往往是人们必去光顾的地方，在公众心目中获得的关注度，不亚于展厅。为了吸引观众、扩大营销，更有甚者，把衍生品的商店安放在博物馆出入口，那是观众的必经之处。观众可以通过这些衍生品来了解博物馆的藏品，了解博物馆最近的展览。衍生品的意义不仅具有一般商品的属性，还具有特殊的意义——延伸。

我们的衍生品开发水平与文化创意水平，和发达国家相比还有很大的距离，还是停留在一般性商品之上，也就是笔记本、茶杯垫、钥匙链、手机壳、鼠标垫、马克杯、丝巾等常规品种，和博物馆本身一样，同质化倾向严重。近年来观众对博物馆的兴趣日益加强，博物馆的社会知名度也在不断提升，基于此，衍生品的需求量水涨船高，观众的关注是衍生品开发的一个重要动力。创意、设计、质量、数量等是决定衍生品存活率的重要方面，也是决定其经济效益的重要方面。如果没有很好的博物馆文化，没有与之关联的文化创意，没有足以反映博物馆品位的艺术设计，衍生品就不能表现出与博物馆的关联度，也不能表现出博物馆衍生品的意义和价值，就可能沦为一般性的商品。所以，即使出现时尚潮品和爆款，也不是靠忽悠的。

连接·链接

好的博物馆衍生品应该与展品、展览本身有紧密的关联，与国家和城市的文化传统也有着重要的关系。这种关联有可能并不是直接的，而是间接的表现。譬如美国纽约的MOMA（现代艺术博物馆），它的衍生品应该是全世界博物馆中做得比较好而周全的，但很多与博物馆的藏品和展览等并没有直接的关联，而是与博物馆定位中的现代艺术和现代设计相关联。MOMA卖的是文化创意，是设计，是其他地方所没有的特别的内容，表现出博物馆级的品质，是博物馆品牌的一种展现。人们徜徉其中感受到这种超于一般的意义，这正是MOMA的特殊性。所以，看MOMA的衍生品商店就像看展览那样精彩，有身处展厅的感觉。

如果没有一流的博物馆，就没有一流的产品，如果没有一流的展览，也不可能有一流的衍生品设计。中国的各级博物馆与世界一流博物馆相比还有很大的差距，因为我们在发展的过程当中，博物馆藏品的局限性以及展览的水平，造成了博物馆的社会美誉度、知名度并不高。客观来说，在免费政策支撑下的中国各类博物馆，观众的实际消费水平较低，而观众实际消费水平对于衍生品的开发和生产很重要，因为没有消费的支撑，衍生品就是卡拉OK自吹自唱，就有可能变成博物馆自己的礼品。

博物馆的衍生品与博物馆的藏品、展览之间的关联是非常紧密，可是如果没有具备足够影响力的藏品，没有能够让城市居民趋之若鹜的展览，衍生品的开发就没有根基。

↑法国路易·威登基金会美术馆纪念品商店
↑法国巴黎橘园美术馆纪念品商店

博物馆的衍生品

英国伦敦海事博物馆纪念品商店

英国科技馆纪念品商店

英国自然历史博物馆纪念品商店

阻碍·阻隔

当下比较热门的博物馆衍生品开发正在形成一股影响到博物馆主业的潮流，这无疑是一个误区。衍生品中能够吸引公众关注的、能够真正实现"将博物馆带回家"的产品非常少。与过去相比，我们看到了进步和成长，但是也必须看到自身的不足，这个不足在一定程度上反映了博物馆体制和运营管理的核心问题。有的博物馆衍生品商店中的产品非常多，销售却不尽如人意，因此，就有必要研究其中的问题。

第一，博物馆缺乏自觉性，这是最主要的。现在衍生品的开发搭在了国家政策鼓励的文创产业之上，作为一种与文化相关的新兴产业，有着鲜明的中国特色。在博物馆高度发达的西方国家，不管是文创，还是衍生品，都不是政府主导的，而是博物馆的自觉行为，因为这关系到许多博物馆的生存，自觉是前提。比如荷兰的凡·高博物馆与法国巴黎的罗丹博物馆，其衍生品的销售是博物馆生存与发展的重要经济支柱，大概占其经费来源的三分之一。自觉往往来自生存的压力，而没有压力往往导致没有动力，就不能把对衍生品在博物馆中的重要性的认识提升到一个高度，就不能将其与其他业务工作比肩。没有自觉就只有应付。因此，应该在体制上理顺其中的关系，将被动变为主动。

第二，衍生品的开发是依附于藏品和展览之上的，要求博物馆拥有具有广泛知名度又能被公众所接受的藏品，比如，卢浮宫的《蒙娜·丽莎》。比如荷兰海牙的皇家博物馆，拥有一件维米尔的《戴珍珠耳环的少女》，就足以处身立世。法国罗丹博物馆根据《思想者》开发的系列产品有很多，凡·高博物馆的《向日葵》系列衍生品也不胜枚举。这些闻名遐迩的代表作支撑了衍生品的开发，以及衍生品与公众之间的联系。藏品不仅决定了衍生品的内容，还决定了衍生品的销售。

由此来看博物馆的衍生品，并不是每一家博物馆都可能获得成功。像故宫这样特殊的文博单位，全世界仅有一家。它的衍生品的内容和故宫自身的专业内容是相关联的，而支撑衍生品的是"游客"，而不是博物馆中的"观众"，这就是故宫的特殊性，正如我们看到

美国纽约移民公寓博物馆的大堂和纪念品商店合二为一

的像凡·高博物馆和罗丹博物馆在专业内容上的特殊性。所以,它在某一方面的成功并不具有普遍意义,而我们如果把特殊性当作普遍性来推动,就可能会把文创或衍生品的开发带入误区。

第三,停留在衍生品的通用性层面,缺少有针对性的开发。中国各类博物馆一年举办的展览数量堪称世界之最,而有的展览时长只有一两周,如果针对每一个展览都开发衍生品是不切实际的。国外许多博物馆一年办几个临时展览或一两个特展,所以就有可能针对展览开发相关的系列衍生品,有的展览衍生品多达数百种,可谓琳琅满目。基于前述原因,我们的衍生品缺少与展览的关联,即使有,也只有几件、十几件而已,没有系统性,不成气候。

国外一些做得好的博物馆,与展览相关的衍生品开发是常规手段,配合展览的衍生品开发往往会提前一年左右的时间。等到展览开幕的时候,展现在人们面前的是一个与展览相关的延伸,是一个系列的产品线,而这一系列的产品会带动人们关注展览,因为这些衍生品展现了这个展览中最精彩的内容。衍生品、藏品和展览是一种相辅相成、互为促进的关系,衍生品成为博物馆推广展览的一种手段,这种手段对于博物馆来说是非常重要的,这个重要性不仅仅是经济方面的原因。

第四,经济问题也阻碍了各级博物馆的衍生品开发。衍生品的本质是与博物馆关联的文化与创意,而核心问题则在经济方面。我国的公立博物馆由国家财政支持,虽然不是很富裕,但维持运转没有问题。西方许多博物馆都不属于国家,有的虽属于国家,但国家

法国巴黎莫奈博物馆的文创产品

财政不管。比如，美国大都会艺术博物馆虽然是世界上最大的博物馆，但它不是美国政府财政管辖的公立博物馆，因此，如果馆长经营不善，理事会就会罢免他。凡·高博物馆、罗丹博物馆都是公立的，但政府不提供运营资金。这样的博物馆对于衍生品的开发是积极的、主动的和必然的。我们在经济方面没有压力，反而阻碍了博物馆衍生品的开发。当然，凡·高博物馆和罗丹博物馆只是个案，实际上博物馆在缺少国家财政支持的情况下，创收是有难度的，而通过衍生品的开发来获得全年运营经费的三分之一左右，这种成功的博物馆在世界上也不多见。因此，年度的资金预算对于博物馆的生存至关重要，他们必须有积极主动的举措去应对资金问题，否则

哥伦比亚黄金博物馆纪念品商店

博物馆的馆长就会面临下课。

　　基于此，我国博物馆衍生品的开发如果要上一个台阶或者进一步发展，就要在体制上解决一些相关的问题。国有博物馆事业的发展，除国家财政支持，有的也有理事会，但是理事会往往只是一个牌号，并没有在实际运作中产生作用和影响。有的大馆因知名度会获得一些社会支持，但绝大多数博物馆在当地是很难获得支持的。这是一个矛盾，一方面是博物馆缺钱，另一方面是博物馆在借助社会资源来支持博物馆事业上有一定的限度，有政策上的问题。这样一种限度就会带来博物馆整体运作上的一些问题，尤其是给博物馆的衍生品开发带来困惑。

　　第五，博物馆缺少专门的经营推广人才。博物馆的衍生品既要

迪拜博物馆的纪念品商店

开发，也要推广。如果能像美国大都会艺术博物馆那样将博物馆的商店开到时代广场，那么就需要博物馆有专门的人才来从事推广工作。而我们的博物馆从业人员，普遍缺少推广和营销方面的专业基础和能力。而且，衍生品的推广也需要资金支持，而许多博物馆缺少这样的专门经费。

第六，衍生品作为文化创意产品，缺少优秀的设计，有的既没文化，又没创意。这是阻碍衍生品设计进步的一个重要问题。茶杯垫不应只有方的和圆的，也不应只有常见的材质和形式，也不应只是将藏品的照片印在上面，这种没有设计的"设计"，普遍出现在我们的衍生品之中。创意的设计，关系到衍生品的出路。另一方面，我们的衍生品缺少与著名设计家和美术家的联系，不能利用他们的影响力开发出与市场相关联的产品,而像黄永玉、韩美林等著名的画家,自己都开发了一些衍生品,在他们的粉丝的拥护下,有固定的消费群,显现了衍生品的艺术魅力和市场潜力。

第七,欠缺与材质相关的工匠精神。许多衍生品粗制滥造。博物馆作为精英文化之所在,其衍生品必须有与其相配的品质,精致是必须的,材质也应该是考究的。

第八,消费能力不足。一方面是没有能激发消费的优秀衍生品,另一方面,实际的消费能力有限也是制约和阻碍。没有消费基础的博物馆衍生品开发,一定会局限在有限的范围之内,也不可能出现人们所期望的那种时尚潮品、爆款,更不可能为文化创意产业做出贡献。

此文据 2018 年 5 月 8 日答《文汇报》记者关于博物馆的衍生品之问整理而成,摘要发表在《文汇报》。

私立博物馆在中国

一

我是学艺术出身的。20世纪80年代在出版社工作，在人民美术出版社待了17年。那时候我收藏了一些东西，特别是油灯的专项收藏。之所以进入专项收藏并选择油灯，是另外一个话题。后来收藏多了，没地方搁，就在家乡江苏扬中市建了一个油灯博物馆。到现在已经有十几年了。和十几年前相比，中国的私立博物馆更多了。我个人认为，私立博物馆的出现对于整个国家的文化建设和发展是有积极意义的。但是私立博物馆的发展不容乐观，仅仅从数量上来看，我认为不能说明问题，因为博物馆的本质不是靠数量来决定的，而是要靠博物馆自身所反映的内涵以及对周边辐射的作用和影响力。很多私立博物馆只是私人收藏馆，并没有对公众开放。博物馆要有它基本的功能：收藏、展示、研究、公共教育。这些功能不健全，不能称其为博物馆。所以实际上，中国私人博物馆有相当一部分是私立收藏馆，不具备博物馆的功能。第二个问题是很多私立博物馆对于建馆目的存在不同认知，比如作为博物馆来说，收藏是不能拿出来交易的，但是有些私立博物馆存在着交易的问题。再有就是专业方面的问题，目前绝大多数私立博物馆着力于收藏，轻视展示，更缺少研究，几乎没有公众教育。这是行业的现状，也是中国私立博物馆发展初期的大致状况。

我们知道，像美国大都会这样的博物馆并不是国家公立的博物馆，而是归属于一个基金会，严格意义上说也是一个私立博物馆。可见，能否做成世界著名的博物馆，并不在于私立还是公立，不管是哪一种经济成分都有可能把博物馆建设好。只不过我国私立博物馆发展的历史还不到20年，经营私立博物馆的多数是收藏家出身，对博物馆缺少基本的了解，这是需要一个过程的。如果建立一个有效的、用基金会制度推动建设和发展的博物馆，尤其是在博物馆的专业内涵方面脱离了简单的收藏定位的话，私立博物馆的未来会有很好的发展前景。因为它毕竟结合了整个社会经济主体之外的民间经济的很大一部分力量。上海出现了一些私立的艺术馆，这些艺术馆本身就有很丰富的收藏，这些丰富的收藏恰恰是国家所没有的，是国家收藏的一个重要补充。因此，以私营经济为主导的私立博物馆，其发展在未来是对于公立博物馆的一个重要补充。又比如说邮政博物馆，没有哪个国家级、省级的博物馆中有此专项收藏，因为它的藏品规模太小、太微不足道了，但是这种微不足道的事情往往会被私立博物馆或者是私人收藏所关注。

我希望中国在这一点上可以借鉴西方：私人藏家把自己完整的

收藏捐给国家，国家则给他们很高的名分，为他们建立专门的展厅，在这点上我们还有待转变观点。不要说在国家博物馆了，就是在省级博物馆挂个人的名字，都有可能受到质疑。但是在国外大的博物馆里，经常可见以个人名义命名的展厅。即使在国家公立博物馆建设中也时常会吸收一些私人经济成分，包括私人藏品的加入。总之，能够汇聚全社会的力量推动公共文化设施建设是一件好事。不管收藏得对也好、不对也好，总比吃喝玩乐、奢侈消费要好，这些藏家毕竟用自己的钱财为大家、为民族积攒了我们的历史和当代的艺术品。这些事情只有通过一定时间的积淀才能看到它的意义。如果以20年为一个界线或以改革开放30年为界线，再过30年我们回头来看，会有一大批私立博物馆出现，成为一个地区的重要文化景观，他们做了许多地方文化部门所没有做的事情。

正像我在我的家乡建油灯博物馆，不是说地方政府不做，是确实做不了，它缺少专业人才和专项资金。而私立博物馆的出现往往反映了民间的智慧。很多藏家用他个人的智慧发现了收藏的重点，然后努力去收藏，把这个点形成一个专题，形成一个博物馆的主体，使我们看到了私立博物馆的未来。当然，私立博物馆整体的水平有待提高，特别是运营私立博物馆的人，要加强对博物馆学的基本认识。因为博物馆不是一个仓库，不是把攒下来的藏品摆在这个仓库里面就叫博物馆了。它是具有社会职能的，这个社会职能要通过开放和与公众相结合，对周边环境产生影响，要有人愿意进入博物馆，把它当成第二课堂，在里面获得美的感受。

↑江苏扬中油灯博物馆

二

　　现在有许多人把私立美术馆、博物馆发展不够好的原因,归咎于政府没有扶持。我认为这种观念是不对的。这是没有正确认识到政府在这方面的责任和义务。简单来说,政府面对公立和私立的博物馆,不可能一视同仁,这是由博物馆的性质所决定的。公立博物馆代表了政府和纳税人的利益,代表政府的收藏、研究、展示以及公众利益等;而私立博物馆只是代表私人的或者是私人机构的利益诉求。尽管它也有公益性,但是,这种公益性与公立博物馆表现出来的公益性是不同的。简单来说,公立博物馆的收藏是属于国家的,私立博物馆的收藏是属于私人或私人机构的。性质的不同,决定了公立博物馆和私立博物馆在本质上的差异。

　　关于国家扶持,我们应该有客观的认识。国家有责任和义务支撑公立美术馆的设立和运营,注入相应的资金,以维系其收藏、展示、研究等业务的开展。但是私营美术馆代表的是个人的利益和爱好,国家没有扶持的责任和义务。为什么要拿纳税人的钱来支持个人的事业?在世界范围之内,哪怕是再大的私立博物馆,如美国大都会艺术博物馆或其他著名的私立博物馆,各国政府都不会给予特别的支持,如给它注入资金、批块土地等。私立博物馆应该在自己能力范围之内解决自己的问题,必要的时候,可以成立基金会吸引社会资金。西方文化传统中,藏家把自己的藏品捐献给政府所属的美术馆或博物馆,但我国传统中的藏家不愿意把自己的藏品捐给国

踱步　陈逸飞　上海龙美术馆藏

家，希望自己建立美术馆或博物馆来展示其收藏，那还有什么理由要国家来支持呢？

因此，在促进美术馆、博物馆良性发展的过程当中，一方面，政府要全力推动公立博物馆的充分及均衡发展；另一方面，要努力使私立美术馆在规范运营的范围之内，让它更好地用合理、规范的管理体制和运行方式推动自身良性发展。世界上有很多实力很强的不依靠政府的私立博物馆。公立博物馆免费对公众开放，获得国家相应的补贴，这是合乎常理的。如果是具有一定专业水平，又能发挥社会功用，同时得到公众认可的私立博物馆免费开放，国家给予一定的补贴，也在情理之中。私立博物馆可多学习美国大都会艺术博物馆，既超脱于体制之外，又能以自负盈亏的运营模式成为世界上最大的博物馆。它靠卖门票和扩大衍生产品的销售来运营和发展，是得到公众的理解和支持的。也可以学习荷兰国家博物馆私有化的经验，荷兰很多的私立博物馆、美术馆都没有依赖国家，也运营得非常好。

中国的私立博物馆、美术馆应该明确建立宗旨，完善功能，树立基本的公益性原则，健全并保持其长久发展的运营机制，放弃对政府的依赖。

原载新华网，2012年7月31日

大学博物馆的缺失

最近,高校博物馆建设的话题受到业界关注,我想这是多年来对中国教育问题的反思和反省。过去,中国高等教育的关注点主要集中在校园建设、扩招、师资等方面,对于博物馆这样一个考量高校综合实力的重要指标,我们的认识存在严重缺失,这也是长期以应试为目标的教育传统造成的。我们的学院教育忽视了对人文学科的建设,许多高校认为博物馆、美术馆可有可无,现有的管理方法也存在着许多问题,亟待解决。

是否拥有一座伟大的博物馆
是评判一所大学优秀与否的重要标准

西方发达国家的博物馆在近 300 年中得到了很大的发展,其中大学内的博物馆是非常重要的一支力量。比如英国牛津大学的阿什莫林博物馆是世界上第一座对公众开放的博物馆,美国斯坦福大学艺术博物馆收藏了大量的罗丹作品。在我看来,是否拥有一座伟大

英国牛津大学阿什莫林博物馆

的博物馆，是评判一所大学优秀与否的重要标准。中国的高校现已建成数以百计的博物馆，但总体来看存在规模不大、影响不广、藏品不丰、教育不利等问题。

基于大学的教学体制，博物馆的级别较低，预算不充分，重展览，重开放，轻收藏。高校吸引来的社会资金更多流向了基础设施建设，博物馆这种需要经费长期支持以维持自身生存发展的部门一直遭到忽视。不仅如此，虽然各馆均设有馆长和专业部门，但多数管理人员缺乏热情和专业训练。因此他们难以在专业性程度很高的博物馆、美术馆的运作中发挥作用和影响。

对于大学这种处在教育体系金字塔尖的单位来说，博物馆可以给人们讲述这座大学的历史，因为每一件藏品都凝聚着一代人的心血和文化智慧。大学博物馆在几百年的历史发展过程当中，对于其周边的社区乃至整个城市的影响力，也是大学焕发文化力量的重要方面。

校园文化缺少对博物馆的依赖

不同于社会博物馆，高校博物馆是面对学校师生的一个部门。与发达国家相比，我们的校园文化缺少对博物馆的依赖。反观已有博物馆的高校，学生进入博物馆的次数极少，博物馆对学生的影响微乎其微。公众的需求是博物馆发展的推动力，如果大家都不关心博物馆的展览和藏品，那么其在校园中存在的价值就有问题。所以我们一方面要从体制上反思博物馆的现状，另一方面要反思博物馆存在的基础，同时要研究在这种相互关系中如何去推动博物馆、美术馆事业的发展。

艺术院校的美术馆专业性较高，是高校美术馆的特例。很多优秀的作品能成为学生的示范，学生进入美术馆的次数自然比较多。而综合类大学的美术馆或博物馆只是泛泛地介绍艺术或历史，对学生的吸引力、影响力会减弱。从世界一流大学的博物馆来看，他们收藏和展示的藏品都具有世界文化的多样性，能够反映世界文明发展的成果，呈现世界艺术的杰出创造。所以对综合性大学来说，建一座综合性博物馆我认为是有必要的。

高校博物馆如何办出特色以区别于社会博物馆、美术馆，这也需要专业的判断和认识。与西方发达国家的高校博物馆相比，我们的缺陷是藏品不够丰富。很多高校博物馆的建设只是为博物馆而博物馆，所以一些博物馆实际上只是展览馆，并没有自己的收藏或收藏不够丰富，不能建立自己的特色。

以开放的心态接受社会赞助

高校博物馆藏品不够丰富有其历史原因，也有当下的问题。西方博物馆大多是接受社会捐赠，但我们的博物馆并没有建立起社会捐赠的体系。在全世界博物馆的发展过程中，只利用自有资金而缺乏社会赞助，都难以形成长效机制。因此，一些企业的赞助和挂名只要有利于博物馆事业的发展，高校博物馆就应该有一种接纳的姿态，让更多的社会关怀能够扶持高校博物馆的建设与发展。这一点在中国很重要。我希望我们的公众能多了解博物馆的发展规律，不要以固有的认知来限制博物馆事业的发展，利用社会舆论来左右高校博物馆的建设与发展。

清华大学艺术博物馆明年就要落成，社会给予很高期待。我们也看到在一个崛起的中国，美术馆、博物馆的数量与日俱增，出现了很多令人欣喜的景象。我们要有耐心，经过几代人的努力，中国高校的博物馆跟中国的大学一样，走向世界前列是有可能的。

此文据 2015 年接受《美术报》记者专访整理而成。

↑美国普林斯顿大学博物馆
↑美国加州伯克利大学博物馆

大学博物馆的缺失

↑美国哈佛大学艺术博物馆
↑美国哥伦比亚大学艺术馆

↑英国曼彻斯特大学美术馆
↑美国斯坦福大学艺术博物馆

大学博物馆的缺失

↑意大利威尼斯美术学院美术馆
↑意大利威尼斯大学美术馆

↑俄罗斯列宾美术学院美术馆
↑中国中央美术学院美术馆

再说在博物馆、美术馆拍照

在 2019 年 3 月 24 日至 31 日的日本美术馆、博物馆之旅中，我先后参观了 25 家博物馆或文化遗产景点，分别是大阪国立国际美术馆、奈良依水园宁乐美术馆、奈良东大寺、京都果子园、京都国立博物馆、京都三十三间堂、京都清水寺、京都文化博物馆、京都二条城、京都金阁寺、滋贺县美秀美术馆、滋贺县陶艺美术馆、名古屋市立美术馆、名古屋市科技馆、名古屋市博物馆、名古屋市德川美术馆、箱根美术馆、箱根雕刻之森美术馆、箱根 MOA 美术馆、东京国立新美术馆、东京三得利美术馆、东京都现代美术馆、东京国立博物馆、东京森美术馆、市川市东山魁夷纪念馆。

在所参观的美术馆和博物馆之中，博物馆都可以拍照，而美术馆基本上不可以拍照。美术馆对拍照管理非常严格，不仅是在展厅，即使在展厅外的公共区域也不可以拍照。这很容易让人产生疑问：为什么博物馆可以拍照，而美术馆不可以？

允许或不允许拍照都有道理，都有专业的考量。所以，观众必须尊重馆方的规定，这是基本的原则。即使在允许拍照的博物馆中，

2011年1月11日所见的法国奥赛博物馆禁止拍照的标志

拍照的任何行为都不能伤及展品和其他设施，都不能影响其他参观者。在利用照片时，必须注明收藏单位，这也是对博物馆的尊重。

那些不能拍照的美术馆，实际上也不是墨守成规的，只是一般观众不了解相关的规定和程序，比如雕刻之森美术馆的官方网站上就有明确的介绍。该馆要求拍摄者提前准备好企划概要文本，并在两周前用电话、传真或者电子邮件和美术馆的宣传人员联系。如果得到确认可以拍照的回复，宣传人员会发给摄影许可书。

摄影是以介绍雕刻之森美术馆为前提的。如果介绍内容与该馆不相符，或妨碍美术馆运营的情况，或长时间的摄影，或假日影响其他参观者，基本上都会被拒绝摄影。

摄影注意事项中明确规定：

1. 务必携带摄影许可书；

2. 请在开馆时间的 2 小时以内在指定的地方拍摄，在确认禁止拍照区域拍摄的时候，相关负责人会另外给一个证件；

3. 拍摄时，如果发生所有权、著作权等法律上的问题，全部由摄影申请者负责；

4. 在拍摄影响著作权的情况下，需要另外申请著作权的许可，如果获得许可应事先告知馆方；

5. 摄影刊登或发表需要注明：摄影协作 雕刻之森美术馆；

6. 发表后，需要提交一份刊登报纸、杂志或视频录像等给馆方，如果在网站上刊登，需要事前告知馆方；

7. 对于违反该馆负责人的指示而进行的摄影、刊登、播放等相关纠纷，该馆概不负责；

8. 如果给设施和设备造成损坏，需要赔偿损失。

程序非常烦琐，一般的观众不大可能完成，只能是不让拍就不拍了。

关于著作权的问题，每个国家各不相同。一般而言，美术馆中的展品大都是当代艺术家的作品，美术馆即使是收藏，也只是具有所有权而没有著作权（特别授权的除外），并不是想展就展，想出版就出版。因此，美术馆中展示的作品也有著作权的问题，在艺术家去世后的 50 年之内都受到保护。日本如此，中国也是这样。

或许是因为著作权的问题，美术馆一般不允许拍照。而博物馆的藏品或展品都是些年份不一的古董，所以，可以拍照。

2019 年 4 月 4 日

↑ 法国卢浮宫馆内的标志
↑ 观众在《蒙娜·丽莎》前

再说在博物馆、美术馆拍照